SOCIAL
MARKETING
STRATEGY

策略先行

决战社会化营销

王婧 编著

人民出版社

目　录

Chapter I

社会化，一种机制和生态

从零开始，春秋航空企业内部社交引擎塑造

Chapter II

数据，洞察

数据驱动：汽车行业数字营销观察

Chapter III

连接，兴趣，互动

强生社交媒体光环背后的故事

微信社群建设 * 运动零售 * 耐克 083

跑了就懂,Nike 在数字化下讲述跑步的故事(主笔:陈思)

内容营销 * 剃须 * 吉列 090

性感剃须——吉列内容营销引导电商销售转化(主笔:陈思)

Chapter IV

体验，消费，分享

互联网思维 * 美食社区 * 嘴角 172

品牌重塑，嘴角模式 * 传统饮食品牌互联网再造

序　一

从 2007 年第一批在 YouTube 上开立品牌频道的品牌方项目经理，到 2008 年 Facebook 中文系统的全球前 30 名的翻审和 Facebook 广告投放系统中文版的主要贡献者及第一批广告主，再到 2015 年第一批微信朋友圈广告投放的参与者，机缘巧合让我有幸见证并参与了世界和中国最具影响力的社会化媒体平台商业营销几个重要的第一步。

这两年来我经常被问到一个问题，什么是社会化营销？或是如何在社交媒体上做商业的推广？是在微博发帖找找大号转发？是品牌建立个微信服务或订阅号不惜余力地去拉粉？还是炒作一个热门话题试图去做大家讨论的焦点？

都是，也都不是。社会化营销主要是利用社会化网络、在线社区、博客或者其他互联网协作平台和媒体来传播和发布资讯，从而形成的新型营销方式。其概念和定义并不是一成不变的。移动端用量的跨越性增长和用户对社会化媒体的依赖惯性，使得社会化营销也不再局限于单一平台，只依靠内容和意见领袖（KOL）① 传播的社交媒体放大扩散。如今的社会化营销令品牌主对战役商业化定位有了观念性的转变要求，成为一个社交化的世界营销（Marketing in a Social World）。即在战役或产品策划时就需要思考，在社会化媒体的世界里，如何让消费者成为品牌传播中的一个环节，而非传统意义上的单一媒体受众。

---

① 意见领袖是指在人际传播网络中经常为他人提供信息，同时对他人施加影响的"活跃分子"，他们在大众传播效果的形成过程中起着重要的中介或过滤的作用，由他们将信息扩散给受众，形成信息传递的二级传播。

　　SOCIAL ONE 智库作为专注于社会化媒体研究的专业机构，在过去的几年中很多针对品牌的文章和案例分析都是我用于学习和进一步思索品牌在社交媒体定位和生态系统构建的非常好的参考给养。正是由于诸多优秀的品牌案例，让我逐步突破一些定势的思维逻辑，进而应用到现在所服务的品牌之上。这个对 SOCIAL ONE 智库文章的阅读习惯始于他们网站上线的第一天，直到今天……

　　此刻，在应王婧之邀为这本书作序的键盘敲击之时，指尖有无数的喜悦伴着心中的畅快一并而发。本书用业内顶尖的品牌案例，以及 SOCIAL ONE 智库精英作为第三方的评判，阐述了社会化营销的黄金洞察，让每一个营销人都有机会通过本书对品牌社会化媒体定位有一个系统化的了解。而这看似简单的了解过程，如我一样很多早期在社交媒体商业化进程和品牌社媒运营的从业者，都曾经历了若干年。

　　愿这本书能给读者们带来更多的是一种思维方式的转变，一同通过"数据，洞察"让受众产生兴趣，连接并有效互动，让"体验和分享"成为品牌社会化运营的基石，共创"未来"！

董浩宇

英国皇家市场学院院士（FCIM）

可口可乐（大中华区）高级市场经理

英国数字化研究中心顾问

序　二

　　虽然之前也见过王婧，但真正对她有印象是在她主办并主持的一次行业聚会上。华山路、淮海路交叉路口的华西大厦，周日下午，晴转雨，她一袭裸色连衣裙把身材表现得凹凸有致，在企业高管的黑西装、技术宅男的格子衬衫和大学生的纯色背包间忽隐忽现。可惜当天被几个粉丝缠着，没机会和她聊上几句。

　　好在圈子不大，还是碰上了。后来知道她和我是同一年进的同一所大学，又知道她辞去上一家公司加入了那家在华西大厦举办行业聚会的网站后不久，再次选择离开并开始了自己的事业。如今的王婧和她的公司是国内最好的营销智库，也是我最靠谱的第三方合作伙伴，前后都没有之一。

　　从没有头绪的第一次见，到华西大厦的惊鸿一瞥，再到合作中的获益匪浅，这样了解一个人其实和了解一个营销案例并无二致。

　　每天有成千上万的营销活动推向我们身处的这个媒体环境极其复杂的市场，普通人想要一睹那些营销案例的全貌好比西天取经。除了各个品牌背后的营销策划团队，其他营销从业人员再如何丰富自己的媒体生活，还是管中窥豹的程度。

　　假以时日，其中的一些案例就会在华丽转身后出现在各种行业公众号的每日推送里，他们往往冠以世界第一、国内首创的名号，主菜是一条制作精良的视频将策划创意的艰辛交织着真实消费者的笑与泪娓娓道来，再配上逆天的效果数据和客户的五星好评，令人过目难忘。

　　为博眼球，在案例包装过程中适当注入水分已经是公开的秘密，在这样一个贩卖注意力的世界可以理解，所以在拍案叫绝之后的发人深省显得更加珍贵，而这个过程必须要一步一步还原案例本来的面目，从中窥探每一个创作团队成员的动机与贡献。

　　王婧和她的团队正是在做这样的事情，他们用近乎新闻采访的手段来记录营销案例，每一段真实到略显粗糙的陈述对于有经验的营销人员来说都是价值连城的原始素材，能够反复利用来创造新的价值。

　　广告营销的技术含量不高，策略是收集信息找到规律，创意是旧事物的新组合，所以阅历和专业能力正相关。做到博采众长并融会贯通，就能体现实力，就能成大器。

　　如果无法从一个故事里有所获得，那么经历它或许还不如听说它。同样的，广告人的阅历并不是指看过多少案例，而是指看懂多少案例。幸运的是，你现在手里拿着的就是一本广告人"看了就懂"的书。

吴兆华

氩氪集团策略合伙人

2015 年 4 月 13 日　于上海

前言：策略先行，把 SOCIAL 当回事儿

　　社会化媒体对大众生活的渗透已经成熟，然而大部分品牌还没有足够的知识和清晰的策略去"把 SOCIAL 当回事儿"。

　　截至 2015 年 6 月，中国微博用户规模为 2.04 亿，网民使用率为 30.6%[①]；2015 年年底微信和 WeChat 的合并月活跃账号数 6.9 亿，比去年同期增长 39%[②]。2015 年微信红包业务带动绑定银行账户的微信支付和 QQ 钱包账户超过 4 亿。面对社交媒体势不可挡的发展和用户行为的迅速变迁，不少传统品牌仍然不知如何入手，抑或是以错误的思维和战略运营着社会化营销，举步维艰。

　　本书将回答一个关键问题：社会化营销是如何在不同层面帮助品牌实现商业目标的。而帮助回答这一问题的是来自 SOCIAL ONE 营销智库的成功实践积累以及针对前沿品牌数字营销负责人的深度访谈挖掘。

　　"把 SOCIAL 当回事儿"意味着品牌需要先回答一些核心问题。首先，品牌是否真正理解了"社会化思维"，品牌在社交媒体上产生的内容是不是消费者需要的，是不是消费者愿意分享的，品牌产生的内容是否对消费者链接彼此有帮助。本书中收录的《米其林："胎教课"，以消费者需求为核心，借势垂直社区》讲述的就是米其林如何通过与垂直社区合作，提供给消费者需要的轮胎

[①]　中国互联网信息中心（CNNIC）发布了第 36 次中国互联网发展统计报告。
[②]　腾讯 2015 年第四季度和全年财报。

相关知识，从而大幅提升品牌好感度的故事。其次，品牌的核心创意是否具备在社会化媒体上的开放共创性，如果一个创意不能开放让消费者加入自己的想法内容，从而促成一种社交表达，那么这就不是一个好的社会化的创意。写下序言的前一天，杜蕾斯"攻占"了著名的"二次元"阵地——B 站[①]。杜蕾斯用一则长达 3 小时，剧情简单到无聊的视频，获得了一百万人的围观，四万余条弹幕，八千三百余次微博转发，以及四十万元的当日销售额。杜蕾斯并没有创造什么特别有趣的广告情节，相反，它只为 B 站的受众提供了一个自由发挥的平台，让用户带动用户，激励参与共创。只有用户最终创造的弹幕与视频相结合时，才算是真正意义上完成了这支广告片。再次，品牌是否了解自己的社会化资产（Social Currency）。可口可乐在 2013 年和 2014 年以"昵称瓶"和"歌词瓶"为主题的两场战役便是品牌有效利用社会化资产的典型案例。可口可乐将自身的产品及内容作为普通消费者和影响者（Influencer）的传播介质，帮助消费者通过分享的方式互相链接，并同时与品牌链接。最后，品牌是否想清楚了社交媒体的战略和战术。2013 年底，在 SOCIAL ONE 智库第一份针对春秋航空的社会化商业研究中，我们就提出，社会化是一种机制和生态。在你的品牌所在行业，社会化营销是适合作为内容流通的渠道，到达某个群体受众的媒介，还是获得消费者洞察、实时与消费者沟通的平台，抑或是实现销售转化、客户关系管理的工具？（如本书中，《理肤泉：微信后台智能服务系统，O2O 激励顾客到店促成百万营收》的案例）这也是社会化营销有趣之处，你把它当葡萄养，它就给你结出个葡萄，你把它当西瓜养，它就给你长出西瓜来。随着社会化电商和移动电商的发展，社会化营销通过有效的战略和策略组合实现商业目标的例子也越来越多。好的社会化营销在提供消费者购买便利的同时，也

[①]　Bilibili 是中国大陆一个与动漫、游戏相关的弹幕视频分享网站，又简称 B 站。其最大的特点是悬浮于视频上方的实时评论功能——弹幕，内容侧重于二次元文化，用户年龄主要在 17—31 岁之间，他们对该网站的使用时间很长，对自创内容的参与度和互动率极高。

帮助品牌增值。在社会化媒体上，每一次促销都有可能成为一个话题，引发一轮传播。与此同时，通过提供给消费者社会化资产的附加价值来做促销，避免了商品的降价促销，也为品牌保值。

感谢人民出版社的邀约，感谢我们紧密的智慧合作伙伴，因为你们 SOCIAL ONE 智库得以将最前沿的社会化商业思维带给更广泛的受众。

王　婧

SOCIAL ONE 智库创始人、首席知识官

Chapter I

社会化，一种机制和生态

组织架构 * 旅行 * 春秋航空

从零开始，春秋航空企业内部社交引擎塑造

导语 "社会化"究竟是工具还是理念？社交媒体只是另一个触点还是挖掘消费者洞察的金矿？每个人心中的答案都不一样。这也是社会化营销的有趣之处。本章选取的是春秋航空的社交媒体运营的案例。选择它有以下几个理由：一、5%的社交媒体销售转化；二、公司两亿五千万的销售额转化自社交媒体；三、社交媒体部门独立于市场部，直属总裁办公室。这其中，作为一个新部门，如何调动公司内部资源，协调好与传统部门的关系，也是一门学问。除此之外最具价值的是如何利用社交媒体改变企业运作模式，每一轮营销战役都明确解决一个商业问题，环环相扣、步步为营。

一、社会化媒体应是一个 CEO 部门

春秋航空的特别之处在于，公司把社会化媒体部门从市场部独立出来，部门的负责人直接报告给总裁。部门行政地位平行甚至略高于市场部，从战略上，已经棋高一着。

一个新部门和新职能的创立，老板的支持至关重要。支持有两个维度：权力的下放和资源的供给。权力的下放可以让部门做出很多新的尝试，而且社交媒体日新月异，速度很关键。供给资源，不论是把社会化媒体当成工具还是理念，要真正实施，公司其他部门资源的支持是必不可少的。

社会化媒体部门，一边要紧跟社交媒体的速度，一边还要跟内部的传统势力"打仗"，内耗拖住了很多想做实事的"好青年"。而春秋航空，却是让人眼前一亮的正面例子。

为了拿到一手资料，我们走访了春秋航空社交媒体部门负责人张洁。她告诉我们春秋航空的成功不是偶然，春秋的董事长王正华是一个走在行业前沿的人，他很早就开始坚持做网络订票，也非常重视员工的海外学习和交流。然而，令他真正意识到社会化媒体的影响力与重要程度却不是一蹴而就的事。张洁在公司内部一直很重视社交文化的推广，小到公司年会引入微博大屏幕，大到公关危机用微访谈的形式取代媒体通稿。正是这些细节的一步步推进，这个相对传统的公司在各个层级才逐渐了解和接受了社会化。但使得总裁决定单独成立社会化媒体部门的一个节点是 2012 年的一次小小的"公关危机"。

"社会化媒体部门成立之前公司经历过几次网友和媒体热议，都是通过网络爆发的。当时我们就意识到，社交媒体的传播速度已经远远高于传统媒体；在意见倾向上，传统媒体也是趋向于'讨好'大众舆论导向的。于是第二次'暂

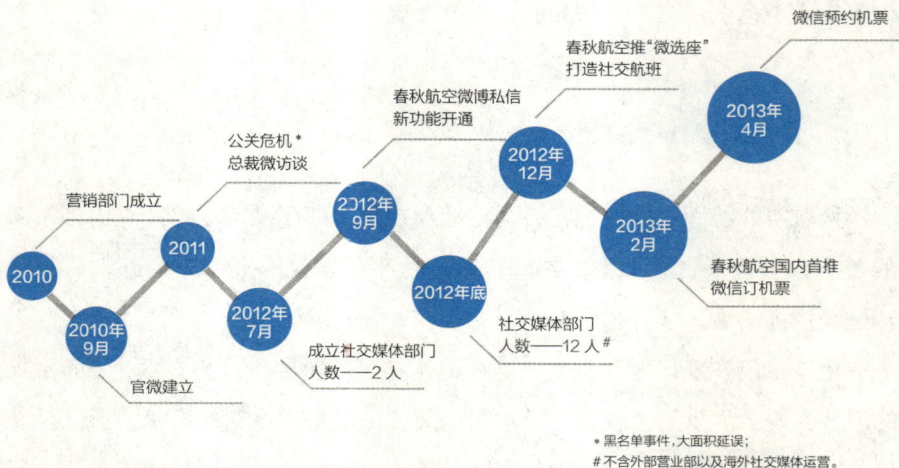

* 黑名单事件，大面积延误；
# 不含外部营业部以及海外社交媒体运营。

图 1　社交媒体团队里程碑

无能力服务的旅客名单'（网上称"黑名单"）宣布时，我提议让董事长做微访谈，效果很好，之后董事长就决定要单独成立社交媒体部门，直接报告给他。"张洁说。

二、从 0 到 40 人，社交媒体部的 6 个月部署

如今，张洁也承担越来越多在线营销的指标，在消费者洞察、舆情监控的基础上，找到有消费倾向的受众，主动联络，加载代码链接，追踪效果。整体看来，一年销售额有 5% 转化自社交媒体，即两亿五千万元人民币。

春秋航空直到 2010 年才有营销部门，2012 年年底就已经完成独立社会化媒体部门运营。除了内部 12 人的运营团队，张洁在企业的其他相关部门都分别设置了一个专员与她们的团队对接；在总部之外，还有 30 个国内的外部营业站以及海外社交媒体（泰国、日本）的运营专员，总计超过 40 人。

"我们的海外航线同样需要社交媒体的支持。对我们来说，社交媒体的应用是相对来说低成本的营销，另外，我们在泰国和日本开航，也的确会有旅客提出问题，我们的社交媒体运营人员会充当客服的前端角色。"

如此人数庞大的一个团队在半年内成长起来，处理和协调与公司内部其他部门的关系，公司资源的调配是一个大课题。特别对于社交媒体部这个在企业中全新且独立存在的部门而言，新旧交替过程中很多东西的推进都会有难度。

张洁在初期就把社交媒体部门定位于内部服务性部门，而不是凌驾于其他部门之上。她回忆到，在一次内部开会的时候，她们部门通过社交媒体聆听发现了消费者取票难的问题，其他相关部门要求给出解决方案，这也让张洁的团队很困惑。张洁的处理方式是，我们只提供数据，它是来自于消费者的真实反馈。至于决策，这个是涉及到的相关部门自己去制定的。

006

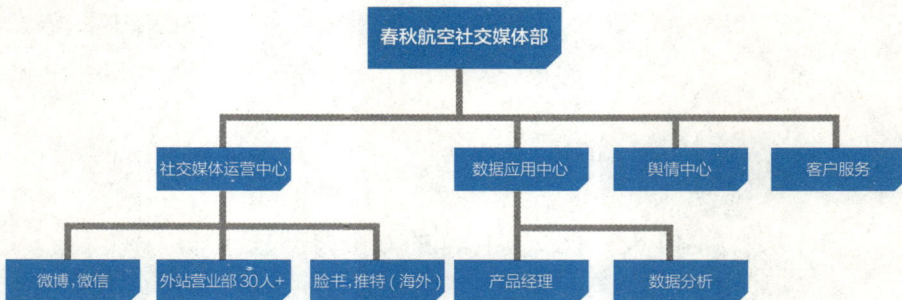

图2　社交媒体部门结构图

　　张洁采用 HUB① 模式来运营社交媒体。HUB 的"权力"很重要，所谓权力不是凌驾于其他部门之上，而是要有权限在整个组织内涉及社会化媒体项目上建立新流程，制定政策，调动资源，多方合作，开展项目。而这个 HUB 也要负责项目高级别的战略制定，管理、教育培训、研究、评估、代理商选择等。若无此权限，HUB 将形同虚设。

　　社会化媒体部门成立初期，张洁在调度企业内部资源方面做了不少努力，首先，她借助旅客的声音推动公司内部的变革，只要是旅客提出来的问题，公司内部各部门都会愿意去改进。其次，作为一个服务部门，张洁很清楚，她的部门必须要帮助其他部门一起成长，否则便会止步不前。

　　"在部门建立初期，更多的要想我对别的部门有什么帮助，其他部门的资源，也会在一次又一次的沟通之中，越来越倾向我们。从社交媒体部门到处跟其他部门要资源，到其他部门越来越依赖社交媒体部门。客舱部如果碰到有过激反应的客人，会第一时间通知我们，预防在社交网络上可能出现的负面信息。技术部网站改版也会想要通过社交媒体部门邀请消费者体验等等。"

　　张洁建立的社交媒体部的 HUB 会在四个方面与公司其他部门合作。首先是客户服务，社会化媒体部门负责收集消费者信息，一旦接到投诉，会通过

---

① 在此为多部门中转集成中心的意思。

系统反馈给所涉及部门的指定联络人，并由相关部门跟进；其次是市场，在初期，部门并不承担过于细节的内部资源整合，重心放在把音量做大以及引导流量。经过半年多的发展后，张洁也有了自己的策划人员，在营销战役方面与市场部门一起头脑风暴。

与此同时，张洁会制定一个能在社交媒体传播的内容标准，比如会有"硬销售推广"的每周出现频率限制等；春秋航空本身不设有市场研究或消费者洞察部门，而张洁的社会化媒体部门本身就充当起这个角色。这其中包括消费者洞察、消费者画像、社会化用户关系管理（SCRM）；如今，张洁也承担越来越多在线营销的指标，在消费者洞察、舆情监控的基础上，找到有消费倾向的受

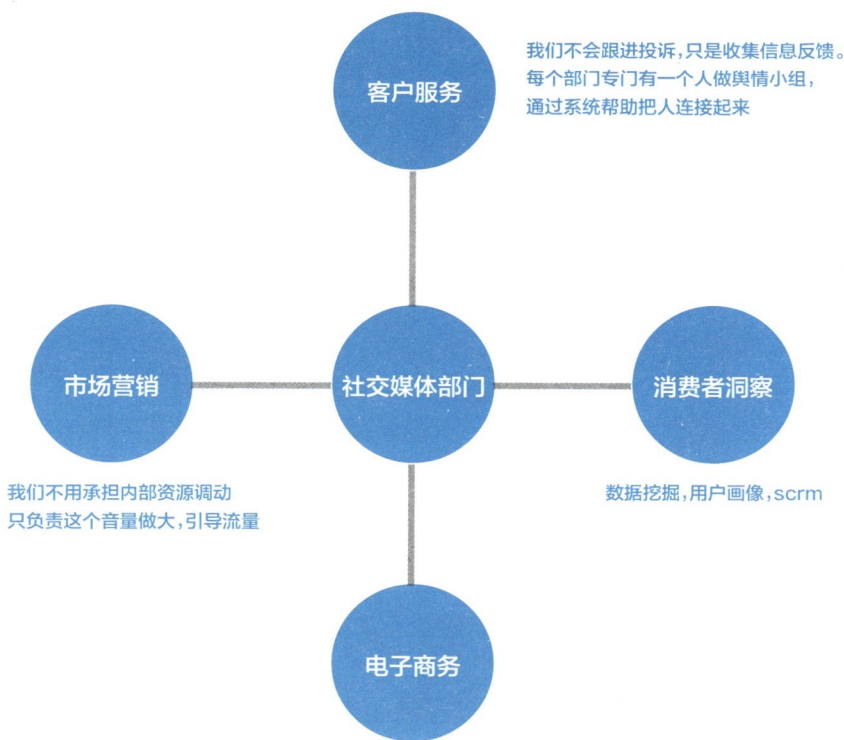

客户服务

我们不会跟进投诉，只是收集信息反馈。
每个部门专门有一个人做舆情小组，
通过系统帮助把人连接起来

市场营销

社交媒体部门

消费者洞察

我们不用承担内部资源调动
只负责这个音量做大，引导流量

数据挖掘，用户画像，scrm

电子商务

图 3　春秋航空社交媒体部门的 HUB

众，主动联络，加载代码链接，追踪效果。整体看来，一年销售额有 5% 转化自社交媒体，即两亿五千万元人民币。

对于自己部门的 KPI①，张洁并没有感到很大的压力，"考核刚开始是微博粉丝数量，但是我们微博粉丝涨得太快其实很没意义，于是我们把它弱化了。然后是活跃度，给我的营收指标每月 2000 万—3000 万元人民币。现在是微信关注和订阅数。"对张洁来说，更重要的是做有意思的事情，帮助公司各个部门一起成长。对外，张洁很少使用第三方代理机构。比如微博、微信运营方面，都是企业内部自己运作。

尽管如此，但有四个环节张洁是必须要用到外部代理的，第一是意见领袖推广，团队无法大范围寻找和管理意见领袖；二是舆情监控；三是社交媒体数据接口，张洁的团队中有专门从事消费者行为分析的人员配备。因此，在这个环节，她需要的只是一个数据接口提供者；四是 APP 以及系统的开发，这与春秋航空海外业务发展密切相关。春秋在海外运营脸书（Facebook），比微博后台复杂很多，模块需要企业自主开发，这一部分张洁会选择外包。

三、社会化营销，从"真正解决商业问题"开始

航空公司做社会化营销已经不是新鲜事，有奖竞赛机制和赠送免费机票在增加用户与品牌互动上的魔力也在降低。从微博私信功能绑定，社交航班，到微信值机，微信预约机票这一系列案例，每一个背后，春秋航空都有一个明确的商业目标，不是为了社会化而社会化。在他们看来，一个成功的案例除了赚得影响力外，更重要的是明确地解决一个商业问题。2012 年年底，春秋航空推出了"微选座"的服务。"社交航班"的概念并不是第一次被提出。早在

---

① 关键绩效指标（KPI：Key Ferformance Indicator）是通过对组织内部流程的输入端、输出端的关键参数进行设置、取样、计算、分析，衡量流程绩效的一种目标式量化管理指标，是把企业的战略目标分解为可操作的工作目标的工具，是企业绩效管理的基础。

2011 年，荷兰皇家航空公司就提出了这个概念，但令我们印象深刻的是，如此趣味十足的案例背后，当初其实是一个"烫手的山芋"。

"大部分航空公司选座位是不要钱，而春秋航空作为廉价航空，会有很多小产品，卖座位就是我们的一个子产品。当时我们做了一个商务经济舱的产品，第一排的位置都被拿走，这导致我们选座产品销量大幅下降，增值部门的人就找到我，希望能跟社交媒体这一部分做一个合作，他们也愿意拿出一些资源。"

明确商业问题，"微选座"的项目就这样应运而生，微博选座每个订单只有一个人可以免费，第二个人就要付费，这对带动消费的效果非常明显。然而，社会化媒体对企业的要求牵一发而动全身，当张洁更加主动地领导项目时，如何让"身"跟着一起动，还不摔跤，这也成了一大考验。实际上，"微选座"对春秋航空其他部门的资源配置要求很高，2013 年 3 月份第二波用户量迅速提高，一个月内超过一万人使用此服务，问题就暴露了。由于微博的选座是免费的，春秋航空在航班 FOC（Flight Operations Control 航班运行控制）里面对这类旅客信息并无显示，选座乘客会被认为占座未成功，客户投诉就来了。张洁很郑重地亲自跟各个部门的同事道歉沟通，由于之前"服务型部门"定位打下的良好基础，各部门很快就投入到更加紧密的合作中。

"之后我们就立刻安排了培训，包括 800 电话等，各部门针对这个社交航班的产品推出新的服务流程和新的服务规范，系统要改进，地面服务部门、外站都要培训，牵涉很多一线部门会碰到而我们不知道的事项。从这里我们就验证了，社会化媒体绝对不是一个孤立的环节和产品，它的出现其实是对整个企业链条和模式的革新。"张洁说。

社会化营销最大的价值在于用户和行为数据的积累。在完成了微博绑定、移动端 APP 的开发、微信各项服务上市后，春秋航空的社交媒体运营已经总体稳定，接下来，张洁会花更多精力在数据的分析和应用上。虽然航空和银行一样是拥有消费者最完整的基础属性行业，但张洁仍然需要更多消费者的社会属性，从而做出更加立体的消费者画像，并在此基础上，对消费者做更精准的销售推广，提升转化率。截至 2013 年 8 月，春秋航空的微博粉丝和会员打通用户已经达到 50 万，"微选座"的营销战役也是在这样一个基础上得以实现。

案例研究（Case Study）

SAP：B2B 企业社会化营销的大道至简

导语：

　　许多向 SOCIAL ONE 提出咨询要求的品牌，在一开始都会担心一个问题："我们这个行业这么低关注度，社会化营销不好做吧。"这个时刻，最好能退一步，想想社会化传播的本质，以及品牌究竟想从中获得什么。

　　SAP 的案例告诉我们，无论 B2B 还是 B2C，其核心都是人与人的沟通，这亦是社会化传播的本质。没有行业不适合社会化媒体，只是未找到适合自己的方法。SAP 企业级软件的市场，不光"冷门"，还是 B2B，然而品牌仍然在社会化媒体上玩得有声有色，值得其他品牌借鉴。

　　营销战役档案

　　公司：SAP

　　品牌：SAP

　　代理商：帖易 Teein

　　行业：B2B（IT）

　　撰写：Shawn. Liu, CMO of TEEIN

　　框架设计及编辑：SOCIAL ONE

SAP 是全球商业软件市场的领导者，为超过 80% 的财富 500 强企业提

供企业管理解决方案。今年，SAP 将在中国举办数场高端论坛，旨在影响更多的企业中高端管理层人士，鼓励他们到现场体验并了解 SAP 的解决方案。

通过洞察社会化媒体中的受众对 B2B 企业、品牌的认知，SAP 借助微博与微信平台，简化传统 B2B 企业与受众交流中的内容体验、沟通体验和线下体验三个环节，让更多人了解并参与到此次 SAP 大会中。更重要的是，SAP 在华的社交影响力得到了极大提升。最终，此次 SAP 大会实际招募并到达现场的专业观众超过 1500 人。不但报名人数远超预期，而且 40% 以上为企业 CXO（或总经理级别），"粉丝"质量极高。该案例被众多专业人士视为现阶段 B2B 企业开展社会化营销的最佳实践。

1.0 市场背景以及商业目标 Campaign Background

SAP 是全球商业软件市场的领导者，为超过 80% 的财富 500 强企业提供企业管理解决方案。企业管理软件涉及 ERP、BI 等商业核心技术，因此 SAP 的采购决策者均为各大企业的 CEO、CIO、CTO、CFO、CMO 等高级管理者。

与同属 B2B 行业的思科、埃森哲等国际大公司一样，SAP 虽为所在行业领导者，却由于其高度专业化的特征，导致绝大部分中国企业对 SAP 只闻其名未见其形。

SAP 决定突破这一障碍，而最佳武器就是线下会展加上社会化媒体传播。但是，相比于更加贴近消费者的 B2C 品牌，B2B 企业如何有效地开展社会化营销向来是行业内的一个难题，甚至有很多人认为"B2B 不适合做社会化营销"。2014 年夏，SAP 在中国举办数场高端论坛，并首次只使用社会化媒体作为外围渠道，为大会进行推广。

1. 目标

利用社会化媒体，为大会招募超过 1000 位专业人士，并且希望他们能够到达现场参与。

借助大会契机，提升 SAP 的品牌曝光度和美誉度。

2. 挑战

大部分受众不了解如此专业的 B2B 企业，在社会化媒体环境中也难以关注到它。

为了进行有效传播，要求受众群体是企业中高层管理者。并将大会影响力转化为 SAP 品牌本身的美誉度和知名度。

2.0 洞察与战略 Insight and Strategy

1. 洞察

任何企业的决策者，生活中也一定是消费者。而大多数消费者在日常生活中几乎感受不到像 SAP 这样大型 B2B 企业的存在。同时，即使消费者们偶尔能够看见相关信息，B2B 企业的属性也导致其内容高度专业化，消费者觉得晦涩、难懂，并因此产生了距离感、陌生感。

虽然大多数消费者不熟悉各种高科技语名词，但是如果品牌用他们能听得懂的语言与之交流，消费者也会很愿意了解这些"有趣的技术"。同时，他们对 B2B 企业服务的客户——那些 B2C 品牌们很熟悉，所以 SAP 完全有机会用"背后的故事"来激发大众的好奇心。总之，对于受众而言，简单、直观和与己相关的信息，更受欢迎。

2. 策略

针对此，SAP 的策略也呼之欲出：简化沟通，改善体验，借助受众熟悉的事物传递信息，将内容体验、沟通体验、线下体验三个方面做到"极致"，SAP 谓之——大道至简。

社会化媒体渠道中，日常的信息内容虽然平凡，却是日积月累的力量，是企业影响力的基本面。通过社会化媒体渠道获得的沟通机会，很多就是优质企业的采购决策者。这是机会，更是挑战，因为与他们的沟通每时每刻都体现着 SAP 的素质和形象。而 SAP 大会的现场体验，也被 SAP 视为非常重要的社会化接触环境——社会化传播一定不能只是"社会化媒体传播"，未来的环境是 All things social，社会化营销一定要到达商业现场。

3. 媒介策略

通过目前中国最重要的两大社会化媒体平台——微博和微信，SAP 构建了一个更贴近目标受众的体验圈。微博作为有横向传播力的媒介工具，不仅是企业的一个发声窗口，更是企业的门面，承担着 SAP 的信息发布和统领线上的任务。而微信作为深度的纵向媒介，更适合与 SAP 的粉丝进行专业沟通，对他们进行更深入的影响，完成 SAP 自己的 SCRM[①]。

透过此次 SAP 大会契机，微博和微信两者密切配合，进一步影响受众，完成大会报名、扩大 SAP 品牌影响力，感兴趣的受众也会通过其他方式了解更多有关 SAP 的信息。

这里值得一提的是，由于在之前持续一年的日常运营中，SAP 不但自身已经成长为其专业领域内领导者，而且与很多业内蓝 V、黄 V 们建立了有效互动沟通，因此在本案中 SAP 并未使用付费意见领袖采买，而是依靠"大道至简"这一朴素高效的内容策略来实现社交影响力的释放。本次会议中，通过 SAP 自有内容报名的粉丝约占 6 成以上，而通过社交盟友协助推送内容报名的粉丝占 4 成左右，其中来自人力资源类、IT 类社交盟友的报名粉丝占比较大。

3.0 实施 Implementation

大会召开前（目标：广泛铺开，招募报名）

1. 内容体验至简

SAP 改变以往报告式、数据堆砌式的"白皮书"形式，将专业化的信息转化成趣图、视频、漫画、信息图海报和互动活动，"简化"的宗旨在于：不是向你做案例背书和理念教育，而是从服务品牌、企业管理者的角度来解

---

① SCRM 全称：Social CRM，社会化客户关系管理。

读 SAP 所带来的实效和能够让你联想到的价值：SAP 会帮你走得更高、更快、更强！所以，SAP 不讲云计算，而是讲德国如何在 SAP 的帮助下称雄巴西世界杯？科比怎么使用 SAP 进行训练？不讲大数据，而是讲你生活中的 NBA、F1 都有 SAP 的身影。当讲到这些时，品牌们、管理者们自然"代入"，普通用户学到了小知识，然后成为 SAP 的粉丝。

2. 沟通体验至简

传统的会展邀请往往需要客服多次电话邀约，或者硬广告展示引流，沟通环节多、成本高且效率一般。SAP 在保持优质内容的同时，通过小型活动、市场调研、问卷咨询及日常互动对粉丝的质量进行摸排和分级（依据自下而上的金字塔形：普通粉丝、专业粉丝、企业决策粉丝、意向粉丝），利用微信中的分批群发、一对一私聊等方式对拥有专业知识的粉丝们进行邀约，鼓励他们报名参加，同时也挖掘对 SAP 产品感兴趣的用户。将沟通流程大幅简化，并且大大提高效率。

3. 线下体验至简

面对超大型会展时，参加者往往会被庞大的观展区域、应接不暇的交流项目搞得"晕头转向"，这大大影响了观展期间的用户体验。因此 SAP 在会展期间，在观展导览和观展体验方面进行了大幅的"简化"。SAP 将超过200 个讲座、展览、互动项目按照行业划分制成导览标，帮助每个与会者能最高效地找到自己所需。同时借鉴网络流行的手绘漫画，将展馆平面图做成实物版和电子版的"Q 版手绘地图"，这为严谨专业的气氛平添一分轻快。

在线下的互动中，SAP 制作实时更新的微信墙鼓励与会者发表观点，并且开设微信直播频道帮助没有进入会场的来宾观看重要的行业演讲……这一切都是从社会化的角度帮助 SAP 在现场尽可能完善用户体验——直观、清晰、简单。

4.0 商业目标实现衡量 Performance Against Objectives

回顾本次 SAP 大会推广活动，秉持"大道至简"的策略，SAP 成功达成了以下两个目标：

目标一：利用社会化媒体，为大会招募超过 1000 位专业人士，并且希望他们能够到达现场。

结果：成功超额完成目标，实际招募并到达现场的专业观众超过 1500 人。不但报名人数远超预期，而且 40% 以上为企业 CXO（或总经理级别），"粉丝"质量极高。

更多收获：

● 更多专业人士关注 SAP 微博微信，大会期间双微平台收听规模激增 3 倍；

● 微信内容转发率高达 40%；

● 实际到场人数超过 4000 人，社交媒体功不可没。

目标二：借助大会契机，提升 SAP 的品牌曝光度和美誉度。

结果：在小预算（低于 100 万）、短时间（一个月）内，大会内容曝光超过 1300 万次，同比 2013 年提升 1.5 倍。

更多收获：

● SAP 的营销方式和执行成果受到同行的尊敬（来自现场的嘉宾反馈以及某竞品企业市场部受教的表态）；

● 在相关业界掀起了一股"SAP 热"，华为、IBM、中国电信等品牌纷纷主动发布文章，帮助 SAP 转播相关内容。

5.0 创新和经验学习 Innovation & Lessons Learned

1. 大道至简——无论 B2B 还是 B2C，其核心都是人与人的沟通，这亦是社会化传播的本质

改变"我专业、我老大、我的地盘我做主"的传统企业"高大上思维"，充分尊重受众，以受众"听得明白"的形式和他们沟通，愿意花费心思来做信息传递的至简优化，而不是反过来期望每位读者都是百科全书。对于每一

个品牌来说，无论是战役模式还是常开模式，让自己的社交媒体发布更加易于阅读的内容，以吸引受众阅读；发布更具价值的信息，以吸引受众分享；以信息可视化等手段帮助受众更轻松地理解你的意思……着眼于这些小细节或许会增加你的工作时间，但势必会简化消费者的体验流程，让他们真正感受到品牌的诚意。

2. B2B 企业并非不适合社会化媒体，而应该找到适合自己的方法

并非出于惯性追求虚无的粉丝量、转发量等表面的 KPI，而是重视粉丝的质量。对于 B2B 企业而言，沟通对象很多都是企业决策层，他们可能更多私信而不是公开评论，他们可能更多收藏而不是简单转发。盲从必定无效，找到最合适自己品牌的运营策略才是正途。

3. 找到你的"社会化盟友"

品牌不要习惯于自说自话，在社会化媒体上，任何品牌都需要"盟友"。这个概念区分于付费购买的意见领袖、"雇佣兵"。对于 B2C 品牌来说，最坚实的"盟友"就是品牌的消费者，而对于 B2B 企业来说，"盟友"则可能是你的客户企业、也可能是你的供应商、是你的合作伙伴、是你的工程师、是媒体。在 SAP 的案例中，因为日常与众多行业蓝 V、黄 V 们保持着专业友好的交流，才最终能够在线下大会期间取得如此众多盟友的大力支持。

【在线延伸阅读】

Gopro：在可穿戴运动相机品类里异军突起。

Chapter II

数据，洞察

数据驱动 ＊ 汽车

数据驱动：汽车行业数字营销观察

导语 社会化触点在帮助汽车品牌扩大影响力方面的作用毋庸置疑。无论是雷诺 Clio，第一部由 Like 驱动的车还是大众 Polo 的"发推特（Twitter），赢新 Polo"这些与社会化媒体结合的营销战役都为品牌赢得了广泛的影响力。然而相较于垂直媒体，覆盖人群宽泛的社会化媒体的销售转化率却偏低，这是个尴尬的事实。更尴尬的是，汽车品牌销售导向（Sales-Driven）在数字营销产品还不那么丰富的时代，就已经在官网销售线索转化方面下足了功夫。除了赚足噱头外，汽车品牌怎样才能用好数字媒体营销，为企业带来切实的效益？

我们先把数字营销的概念做一个拆分，数字营销并不等同于在线营销，而是在线营销＋数据。而这个数据，包括线上获得的数据以及线下企业内部数据。数据的重要性对汽车这样一个高介入度的行业来说不言而喻。它的目标消费者决策流程较长，决策深度较深，且依托于垂直媒体和服务平台。对于这一个品类，沟通的深度以及覆盖整个客户使用周期格外重要。而令消费者画像、行为轨迹、偏好更加有迹可循的则是数字媒体营销带给汽车品牌的一个重要突破。然而，数字媒体的数据噪音过大，数据清洗是个大工程，如何更有效以及更有效率地获得数据，是应该关注的重点。

一、汽车品牌有一个很重要的销售转化路径

汽车品牌有一个很重要的销售转化路径（如图 1）：在漏斗的上半部分，可以详细看出品牌从广告、活动、意向、询问、留资，到最后进店的流程。数字营销的技术令整个过程有迹可循。但如东风日产这样走在前沿的公司，他们在思考的是如何将这销售线索的效率提升。目前的方法有两种：（1）通过精准投放扩大漏斗的上半部；（2）简化和压缩转化流程。这两者相辅相成，精准投放令用户看到广告信息之时已经被汽车相关信息包围，继而有足够信息做出是否要留资的决策，这为将留资环节提前提供了先决条件。

对于从不同触点收集的人群进行留资，根据意向高低做不同的处理。高意向者在第一步进行留资的动作，而仍然需要更多考虑的人群则过滤到更加私人

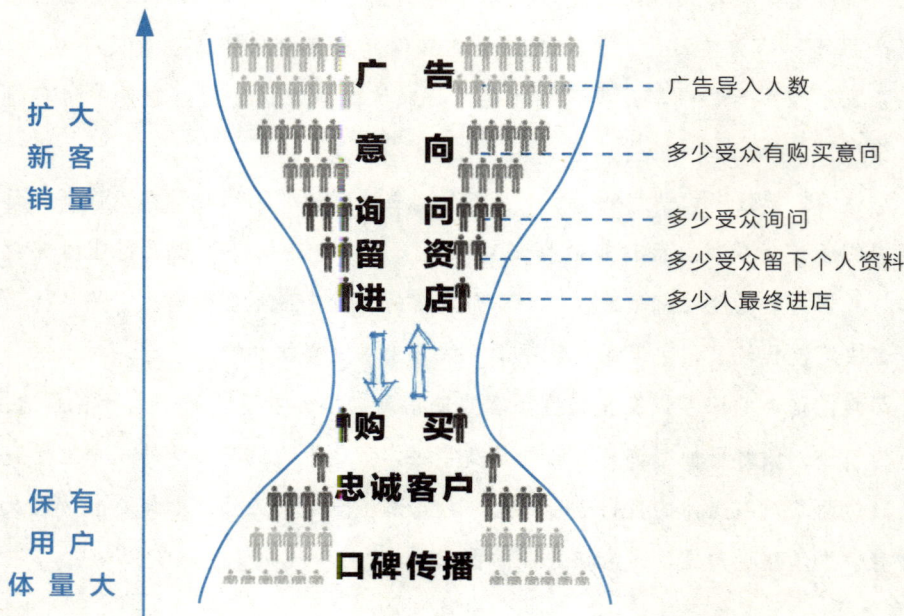

图 1 汽车行业购买漏斗图

的沟通渠道，即微信和 QQ，再沟通之后进行留资。

二、数据做决策，决策也是数字化

在营销预算允许的情况下，通常品牌主会愿意马不停蹄地持续战役轰炸，从而使得品牌的声量、好感度、销量持续上升；然而在有大量消费者数据可以积累下来的时候，是否该给出一定的间隔沉淀期，"让数据飞一会儿"？从上一场战役或常开时间中积累的数据不光可以让用户数据沉淀，更能够为下一场战役提供指导。真正的数字营销，不仅仅是渠道数字化，渠道转化过来的人需要数字化，效果考核也需要数字化，下次战役投放设计也是依据之前的数据做决策，决策也是数字化的。

挖掘用户价值。基于数据对人的价值挖掘可以是多维度的，比如销售价值、

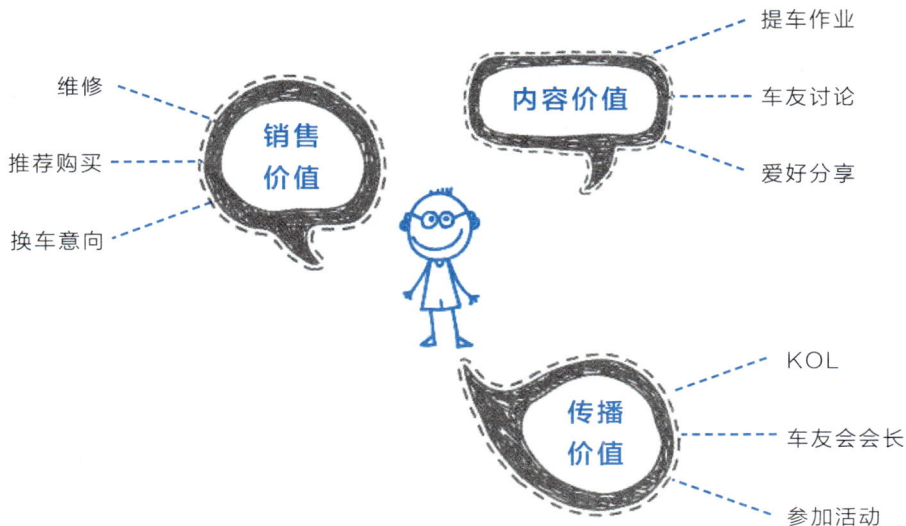

图 2　意见领袖评估维度

内容价值以及传播价值。销售价值包括维修的花费，推荐朋友产生购买的价值，以及换车意向的高低；而内容价值包括，提车作业的完成，车友讨论的参与程度，以及分享的偏好度；传播价值包括这个用户是否是意见领袖，是否在车友会担任要职，是否热衷参与各种相关活动等。这三种价值中，传播价值是最被认可的。但实际上，根据汽车厂商所在的发展阶段和营销目标的不同，三种维度的价值应该按照不同的比例加权，从而得出每个阶段对汽车厂商最重要的用户人群。

三、挖掘用户价值

2014 年 5 月 30 日，观致汽车正式与中国联通签署车联网业务合作协议。中国联通为观致汽车 QorosQloud 车载信息娱乐系统提供网络和业务系统支持，使消费者能够实现人、车、数字世界的更密切互联。此项技术在驾驶员、汽车与数字世界之间建立紧密连接，让驾驶员能更加顺畅地掌控所需的导航信息、行车信息、车辆的健康状态和保养维修信息，并及时分享给网络社交圈的好友。这些对于品牌主和营销人来说都是具有极大价值的数据。而消费者可以通过社交网络分享他们的驾驶经验、兴趣点、最喜欢的旅行路线及照片，这些功能也为更多营销的创意提供可能性。

随着数字和社交媒体平台的发展，技术正在成为越来越重要的内在驱动力。不论大策略理论中的常开模式还是数字营销中的数字都跟技术的发展息息相关。且不说已经发育充分的互联网广告体系，基于谷歌、百度、亚马逊、淘宝等互联网平台，有众多以信息技术和数据挖掘为手段的企业在追踪和研究消费者留下的蛛丝马迹，给广告主提供足够好的广告投放效果。这些数据也在被品牌主运用，从中更有效率地得到目标用户画像，更有针对性地实行用户管理，部署更好的营销战役。

当然，挑战也不可回避。即便是这样，我们也必须承认，改变已经开始，趋势不可逆转。

案例研究（Case Study）

嘉实多极护：运用社会化思维的多方共赢营销

导语：

以社会化的方式来做战役，是这个案例最出彩的地方。"社会化的方式"并不只是停留在与 B2C 的消费者的互动上，这次嘉实多还将 OEM[①] 的厂商，OEM 的经销商，甚至是垂直社区统统拉进了这次的营销战役，以多方共赢，四两拨千斤的方式将"至强拍档"的品牌信息清晰传递出去，并且确保了目标客户的到达和信息的获取，从品牌的转达，转化成消费者自己的认知，并扎根于消费者心中，在之后消费的时刻，就会第一时间想到嘉实多极护。

营销战役档案

公司：嘉实多

品牌：嘉实多极护

代理商：蓝门

行业：汽车后市场

撰写：Sunny Huang, Director-Social Marketing, BLUE DOOR DIGITAL

框架设计及编辑：SOCIAL ONE

"社会化营销"是这几年大热倒炉的概念之一，大部分时候却是被微博营销和微信营销混淆了所谓的"社会化"。社会化营销并不在乎是否追逐最

---

① 也称定点生产，指品牌生产者不直接生产产品，而是利用自己掌握核心技术负责设计和开发新产品，控制销售渠道，具体的加工任务通过合同订购的方式委托同类产品的其他厂家生产。

热门的社会化媒体，而是真正到核心客户群体最多的地方与他们沟通，借助用户创造的内容和人际关系进行传播。所以，一切营销终将社会化。

作为市场上销量最大的全合成机油，嘉实多极护润滑油是众多领先汽车品牌鼎力推荐的机油品牌，但由于大部分通过合作汽车品牌厂商的经销商进行销售，品牌曝光量不足导致大部分的消费者对其领导品牌的地位并不了解。并且机油所带来的体验相对难以被直观感知，消费者很难区分嘉实多极护与其他机油的差别。

为了提高现有合作品牌车主等核心用户群对嘉实多极护产品性能的认知度，强化与合作豪车品牌的强关联，嘉实多极护于 2014 年年初，以汽车之家为主战场，以社会化营销的方式开展了"至强拍档，极致表现"的营销战役。

1.0 市场背景以及商业目标 Campaign Background

1. 挑战

合作品牌车主：大部分的合作品牌车主甚至不知道自己的爱车使用的是嘉实多为各大合作品牌量身定做的嘉实多极护专享润滑油；其他品牌车主或潜在车主：当这些用户想更换一款更强的机油以提升爱车性能时，可能会想到要选择宝马原厂机油或奥迪原厂机油，却不知道这些品牌厂商所大力推荐的原厂机油正是嘉实多极护。

2. 目标

不再片面地强调品牌的曝光量，更重要的是向目标用户传递"嘉实多极护是众多领先汽车厂商鼎力推荐的至强机油"的核心信息。

3. 借力

以社会化的方式来做战役，是这个案例最出彩的地方。社会化营销并不只是停留在微博、微信等常规的社会化媒体上与用户的互动，更重要的是，在此次战役中，嘉实多极护通过为合作品牌厂商提供增值客户服务，为合作品牌经销商提供宣传资源及潜在客户线索等方式，驱动合作品牌厂商、合作品牌经销商、合作品牌车主，甚至是垂直媒体主动加入战役，以多方共赢，四两拨千斤的方式将"众多领先汽车厂商鼎力推荐"的品牌信息清晰传递出去，并且确保了目标客户的到达。借力合作品牌的官方与自媒体渠道传播活动信息，提高合作品牌经销商对嘉实多极护的好感度和未来合作的配合度，在大量现有及未来的核心用户中提高了品牌和产品认知。不仅如此，垂直媒体、OEM① 经销商、消费者都在不同程度上获益。

2.0 洞察与战略 Insight and Strategy

从两个角度获得 Insight，指导营销战略。要将核心信息传递给目标客户，毫无疑问，必须找到正确的人用正确的方式讲正确的话。

1. 以社会化的方式洞察目标用户

在项目启动之前，嘉实多极护选取了合作汽车厂商品牌如奥迪、宝马、大众、捷豹、路虎、沃尔沃和兰博基尼的官方微博账号粉丝，在对数据进行筛选和对真实用户的社会化媒体数据进行分析处理后，获得对核心目标用户的一手深度洞察。

品牌发现，这群用户以男性为主，工作稳定，居住在一二线城市；是狂热车迷（大量关注汽车品牌及行业账号，每位用户至少关注 12 个汽车品牌，共同关注 85 个汽车行业相关账号，包括：汽车媒体、车友俱乐部、行业KOL 等），关注时事；有深度阅读习惯，手机依赖，受垂直媒体影响力巨大，其中汽车之家是除头条新闻之外用户最关注的媒体类账号；品牌导向，为兴趣驱动购买的典型，高消费群体，习惯在线购物。

2. 基于经销商需求的洞察

如果说汽车之家是目标客户最为集中的线上平台，那么合作品牌的经销

---

① OEM 生产，也称为定点生产，俗称代工。

商 4S 店则是最容易接触到目标客户的线下渠道，如果能够驱动汽车经销商成为嘉实多极护宣传的桥头堡，不仅能触达精准的目标客户，更重要的是能有效地强化此次战役所需传达的"领先汽车品牌鼎力推荐"这一概念。

基于代理商在长期服务汽车类客户过程中对经销商需求的了解，设定了以汽车之家作为资源翘板，通过为合作品牌经销商提供他们亟须的宣传资源、销售线索，驱动经销商主动提供自媒体资源和内容制造配合，如微博、微信、经销商车商汇促销信息发布，将品牌所要传达的信息直接送达目标受众的传播机制。

此品牌为这次活动制定了配套的营销策略：以线下合作品牌经销商网点活动为驱动，以汽车之家作为最主要的媒体合作阵地，通过 PC 及 Mobile 双渠道互动的形式，鼓励核心用户创造并传播内容，辅以社会化媒体上 KOL 的内容营销，实现对目标客户的 O2O 全渠道覆盖。

3.0 实施 Implementation

这次营销战役的最重要目标是向车主及潜在车主传递一个信息："嘉实多极护是众多领先汽车品牌鼎力推荐的至强机油"。有什么比通过豪华车经销商客户网络更直接到达目标受众的方式呢？与此同时，消费者调查显示，汽车之家是到达目标受众最重要的渠道。根据以上，本次营销战役选择合作品牌经销商专业渠道，以及社交媒体垂直社区的大众渠道双管齐下，并以汽车之家的平台为主要战场展开。

1. O2O 引导用户从线下到线上，社会化媒体扩大效果

为了使本次战役的品牌信息最大化地渗透到极护的现有用户（自知或不自知为极护用户的合作品牌厂商车主）和潜在用户，采用了"双管齐下"的策略，制定了两套有针对性的互动内容：

针对现有用户，在合作厂商的经销商店面铺设"探索极护"手机端互动入口，车主通过扫描店面二维码参与，了解爱车机油盖上的"推荐嘉实多"

信息，将本次战役的核心信息直接送达嘉实多极护最核心的用户群体，提高现有合作品牌车主对嘉实多极护产品的认知度。

在"探索极护"的最后，鼓励车主将自己"探索"的成果分享到社交网络中，利用车主自己的关系网，将品牌核心信息（Key Message）传递到车主的朋友圈子，从而强化公开市场用户对嘉实多极护与合作豪车品牌的强关联认知。针对公开市场用户，将润滑油对发动机关键部位（凸轮轴）的保护以互动游戏的形式呈现出来，邀请用户选择一辆合作品牌车型作为自己的"至强拍档"，带领用户探索爱车内部的奥秘，了解嘉实多极护润滑油给合作品牌带来的至强表现。

在征得合作品牌方允许的情况下，还在针对核心用户的手机端互动分享页面嵌入了在公开市场推广的活动网站链接，为公开市场互动增加引流入口。在推广期间，除了嘉实多官方微博的自身推广以外，还争取到了合作汽车厂商与经销商自媒体的推广支持，以及参与互动的用户自身社交网络的力量。

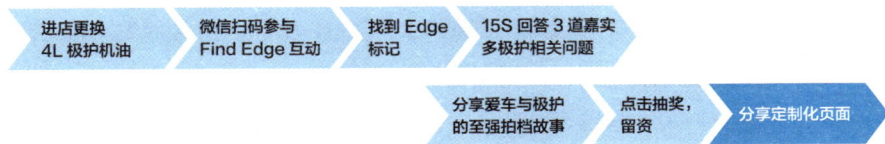

图3 在合作品牌的经销商网点参与"探索极护"的互动

2. 汽车之家垂直媒体合作：打造新颖"豪车节"，提高公开市场（Open Market）用户对嘉实多极护产品性能的认知度，强化与合作豪车品牌强关联

利用"专题"形式，"嘉实多极护和他的'豪'友们养护升级嘉年华"在汽车之家强势开盘，打造首个由汽车用品品牌主导的众多豪车品牌线上销售专场，通过将七家合作品牌厂商的经销商促销信息聚合展示，另外设置"订车就送极护一年期保养豪礼"的激励机制将嘉实多极护与合作品牌的强

关联关系直观地传递给目标受众群体。

通过广告引流，专场给经销商提供了免费的广告资源与赢得的销售线索，共有70余家合作品牌经销商参与到此次"豪车节"活动中，不断更新本店最新的促销信息，并利用自己的社会化媒体资源（如微博、微信和在汽车之家的"车商汇"页面）对活动页面进行推广，将嘉实多极护专场直接推送到自己的潜在用户和车主（同时也是嘉实多极护的潜在用户和现有用户）面前。同时，通过汽车之家大量软性资源的推广配合，如推广点位、论坛活动、编辑资源等等，获得大量精准车主和潜在车主的覆盖与参与。

3. 精准媒体投放：锁定重点城市定向与广告展示频次，用最小的投入获得最大的品牌信息送达

此次的精准媒体投放以项目开始前的用户洞察为投放指导，在PC端与手机端选择最符合用户内容偏好的媒体与APP，并依据品牌重点城市进行定点的精准广告推送。设定广告展示频次，不浪费每一次广告展示机会，最大化地引导用户到活动网站探索极护的奥秘。

4. 社会化媒体传播：病毒内容助力

本次活动期间，品牌在社会化媒体上以内容为导向的传播也不乏亮点，其中微博话题＃去巴西，不带你＃利用了网民普遍的"仇富心理"凸显嘉实多极护与豪车的"拍档关系"，然后话锋一转引流用户到"豪车节""你也可以拥有"。微博话题＃科学研究表明＃（3230000＋讨论量），微博话题＃基友30秒高潮至强攻略＃（30000＋讨论量）和微博话题＃专治各种不和谐＃（7000＋讨论量）也从不同角度通过病毒内容在社交媒体上的传播为品牌带来大量关注与讨论。

4.0 商业目标实现衡量 Performance Against Objectives

在此次战役的考核目标中，引入了一个全新的概念——"信息传达（Message Taken）"，不再以简单的点击量、浏览量、用户量等常规指标作为

目标，而是更深度地考核"嘉实多极护是众多领先汽车品牌鼎力推荐的至强机油"这条重点信息被其核心客户群所获取的数量以及频次。通过在汽车之家与精准媒体的投放与汽车之家各方面软性资源的配合，"嘉实多极护是众多领先汽车品牌鼎力推荐的至强机油"这条重点信息在核心用户群体中获得了上亿次的曝光；而社交媒体上 OEM 经销商、KOL 的推荐和核心用户自发创造的内容也为我们带来了 4000 万人次的影响，约覆盖中国三分之一的线上车主。战役即将结束期间，已有 60 多万网友参与到了包括活动网站、汽车之家和社会化媒体平台上与品牌重点信息互动的过程中。

5.0 创新和经验学习 Innovation & Lessons Learned

项目亮点：

1. O2O 的活动形式——线下 OEM 活动引导用户至线上互动传播。

2. 传统媒体投放的社会化——多方共赢的机制设计，"豪车节"新颖的传播方式。

3. OEM 经销商在垂直媒体上获得免费的线下门店活动推广参与购车节获得嘉实多极护养护升级套装支持，通过这些活动，经销商在购车节期间获得良好销量。

4. 垂直媒体：举办了一次新型销售模式下的购车节，是一次由中国最大汽车类垂直媒体和最强机油联合举办的新型互联网售车模式，提高了对经销商的贴合度。

5. 消费者：在购买心仪爱车后还能够享受升级版的嘉实多极护保养套装。

6. 嘉实多极护：

● 借力 OEM 经销商的官方与自媒体渠道传播活动信息；

● 通过购车节专场的 OEM 品牌聚合销售页面传递"至强拍档"强关系；

● 通过入口植入，引导流量到"至强拍档，极致表现"互动；

● 提高 OEM 经销商对嘉实多极护的好感度和未来合作的配合度；

● 在大量未来的核心用户中提高了品牌和产品认知；

● 精准媒体的投放——锁定用户地域与广告展示频次的精准传播；

● 社会化媒体上的病毒内容传播——拉近品牌与用户距离，引发社交媒体用户热捧。

【在线延伸阅读】

MINI 汽车：如何在社交网络上成为一个有趣的品牌？

大数据 * 电商 * 褚橙

褚橙营销：找对人，说对话

导语　2012 年 11 月 5 日上午 10 点，褚橙在电商本来生活网开卖，在不到 40 天的时间里，仅通过电商就售出了 200 吨褚橙。2012 年，网站日订单数最高达到 1000 单，2013 年，这一数字上升到 5000—6000 单。

在社交网络电商平均转化率停留在个位数的背景下，褚橙内容营销的最高转化率达到 22%，并实现了高达 30 : 1 的投资回报率（ROI）。在这个成绩背后，是对于工具的有效利用。在 2013 年之前，大数据的应用更着重于最大限度地挖掘洞察，而应用洞察去到达和影响受众的手段却是有限的，在大号转发之外，很难有结果导向以及按效果付费的方式；我们将从以下文章中了解到本来生活网如何应用大数据系统更科学地提升营销战役的投资回报率（ROI）。

一、电商思维的营销，ROI 就是一切

随着广告主对于精准营销的要求日趋提高，精准的受众分析、效果导向的投放都为大数据的分析提出了更高的要求。对电商来说，更是如此。从事电商的营销人，或是服务过电商客户的营销代理机构应该十分熟悉这一点，电商品牌在营销的过程当中，ROI 会放在很重要的位置，订单转化率也是核心的衡量标准。本来生活网也不例外，"如何在预售环节尽可能卖出更多的橙子"成为所有的投放计划最重要的目标。在国外市场上，社交网络的电商转化率跟其

他数字渠道相比，仍然处于较低的水平，然而发展潜力不容小觑。据 Monetate Q1 2013 Ecommerce Quarterly 显示，传统搜索引擎的转化率仍然高于社交网络，后者中的佼佼者 Facebook 的转化率为 1.08%，另外三个颇具影响力的社交媒体平台——Pinterest、Twitter 和 LinkedIn 转化率分别为 0.36%、0.22% 和 0.04%。然而值得一提的是，社交媒体的传播属性常常能为曝光和转化带来事半功倍的效果。因此，在社交媒体带来电商转化的背景下，内容营销更加重要了，一条内容能不能打动消费者直接决定了转化率的高低。

二、社会化媒体：媒体触点（Touch Point）vs. 销售点（Point-of-Sale）

营销人一直把数字媒体当成另外一个消费者触点，据 SOCIAL ONE 观察研究，2012 年—2013 年上半年，大部分品牌在数字媒体，尤其是社会化媒体上的投入仍然以品牌塑造为主，不少内容只是传统营销的延展。然而，数字营销先天的"数字"基因使得它比传统的营销更具有可衡量性。这从近年来层出不穷的新衡量术语中可以看出，比如互动率（Engagement rate）、声量（Buzz volume）等。即便如此，数字营销与实际的线下销售结合仍然是个难题，大部分的数字营销都将广告引导至品牌小站、社交媒体等；尽管能引起互动，我们却无法在声量、互动与销售之间找到必然关系；时至今日，营销人应该转换思维，数字渠道不光是媒体触点，它更可以是销售点（Point-of-Sale）。如果我们将消费者直接导流至电商，把它当成销售点看待，那么就能引用已经十分成熟的衡量和付费方式，比如 CPS（Cost-Per-Sale）。

三、22% 订单转化的背后："找对人，说对话"

在 2013 年之前，大数据的应用更着重于最大限度地挖掘洞察，而应用洞察去到达和影响受众的手段却是有限的，在大号转发之外，很难有结果导向以及按效果付费的方式；而这次褚橙的营销战役中，本来生活网通过定向粉丝精准推广活动解决了 ROI 的量化评估这一大难题。共分为四个步骤：

第一步：识别并找到目标人群，定向推广。通过大数据分析工具，找到在微博内容中提及"褚橙"的微博用户，获得目标人群包括年龄、地域、性别在内的基本属性和兴趣标签、关注转发等个人兴趣属性。此外，通过对竞品、关联大号、自有粉丝的分析，进一步扩大目标人群范围和提高人群精准度。

第二步：制定三组内容方向。基于对目标人群的兴趣图谱分析，制定三组内容方向：褚橙产品安全、褚时健励志故事、微博粉丝优惠独享。

第三步：制订不同投放组合计划。基于制定的三组内容，执行团队设计了针对不同目标投放人群的五组投放计划，并测试出互动率最高的投放组合进行重点推广，确保每一分推广费用花在刀刃上。

第四步：通过投放数据筛选优质粉丝，精选投放人群，不断提升投放 ROI 的性价比。在整个投放执行阶段，实时进行不同维度的潜客互动分析、不同内容的互动分析、不同投放计划组合的互动分析、订单转化率统计分析和传播路径统计分析，动态优化投放策略，不断筛选优质目标人群并不断调整内容策略，实现推广活动的动态、实时执行和营销效果的量化评估。

以往大数据获得的洞察只限于营销大号和意见领袖的投放指导，而这次的营销战役，本来生活网通过大数据挖掘，不断地对受众与内容的匹配做优化。预算的 30% 用来做试投放，监测不同内容与受众组合的粉丝互动率和订单转化率（A/B Test）。最后选出效果好的投放计划，将剩下的 70% 的预算放在这个计划上。经过测试（如图 2 所示），内容组 C，即粉丝优惠与投放人群 2，指定账号的粉丝搭配拥有最高的互动率，互动高达 0.68%。

【案例精华概述】

农产品领域一直以来很难形成深入人心的品牌，由于产品同质化带来的市

优胜劣汰 数据分析指导投放计划

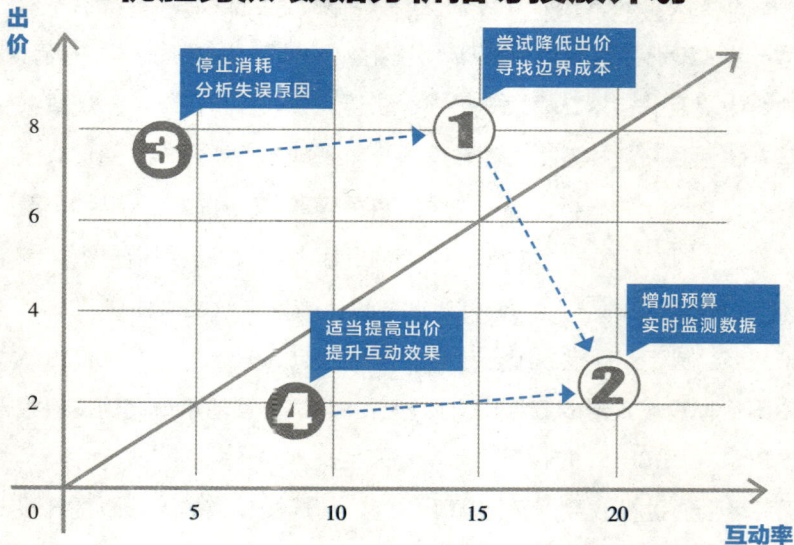

图 1　投放效果四象限图

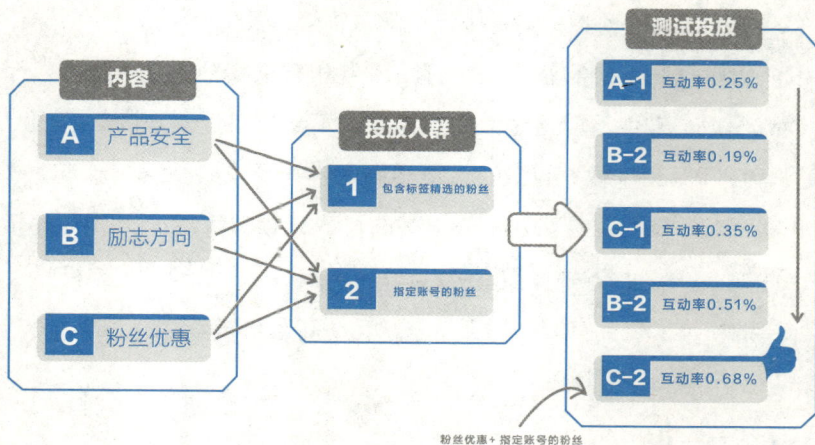

图 2　投放效果测试结果

场竞争使得农产品销售难以产生高额利润。然而，2012 年 10 月的"褚橙进京"事件，让人看到了农产品与社会化媒体结合的巨大想象空间。今年，本来生活网独家代理了褚橙的线上销售，通过褚橙故事 + 预售促销的形式为褚橙的售卖做预热，在为品牌带来上百万曝光的同时，也实现了高达 30 : 1 的 ROI。

● 营销目标：找到最适合褚橙的粉丝群体，并进行最大化留存；促进褚橙销售转化，测算出褚橙基于社交媒体精准营销的 ROI。

● 执行策略：邀请达人品尝励志橙活动。褚橙这个账号在项目启动时刚刚建立，基本是零基础开始推广，为了迅速积累起褚橙人气，执行团队搜集了 1000 名不同行业的 80 后创业达人进行了褚橙无偿激励赠送活动，其中有近 30% 的达人接受了赠送。借助达人的声量放大，该活动带来了许多围绕褚橙的热议话题。

● 定向粉丝精准推广活动：（1）识别并找到目标人群，定向推广。（2）制定三组内容方向。（3）制定不同投放组合计划。（4）通过投放数据筛选优质粉丝，精选投放人群，不断提升投放 ROI 的性价比。

● 营销效果：推广期间通过粉丝优惠券的使用情况监测出日转化率最高达到 22%，ROI 最高 30 : 1。

● 亮点简析：通过达人赠送 + 潜在粉丝精准推广，把两种不同的粉丝影响模式进行了组合推广，既得到了达人的口碑传播，又通过精准推广找到优质粉丝，快速扩大了褚橙的美誉度及影响力。

案例研究（Case Study）

OLAY（玉兰油）：社交网络借势营销 RG 限量版大红瓶新年营销战役

导语：

Olay 的这次 RG 限量版大红瓶的新年营销案例，总体结构可以分为：

话题引爆——品牌介入——品牌引导舆论三个阶段。借助创意，品牌成功地把一个原本传统的微电影扩散传播项目，变成了一个社交导向（Social-driven）的快速反立借势营销案例，在公众面前树立了一个反应快速、洞察及时的品牌形象，并打造出一个更为整合的营销体系。

整个营销战役的执行周期为三周，给品牌带来了上万次视频（视频制作方为华扬联众）转发、百万的话题讨论量、过亿的微博曝光量。话题引爆点来自于微博网友眠无棉在 2014 年 12 月 31 日发出的一条翻拍妈妈旧照片的长微博，这条翻拍长微博是女生送给妈妈的新年礼物。微博中深情的文字表述与母亲照片惟妙惟肖的神情，戳中了许多人的泪点，使得这条微博迅速传播开来。许多网友称赞"有创意、有爱心"，是"送给妈妈最好的新年礼物""女儿是妈妈生命的延续"。同时，这条微博也得到了许多新闻媒体的关注，人民日报、央视新闻、央视财经等接近 90 家媒体微博账号均对这条内容进行了报道，扬子晚报还进行了整版的报道。Olay 发现，女生的故事无论从情感基调还是话题本身，都非常契合自身的品牌理念。于是借着该事件的热度，成就了品牌快速反应借势营销的一次良机。

营销战役档案

公司：宝洁

品牌：OLAY

代理商：时趣 Social Touch

行业：美容护肤

撰写：Judy Zhang, Account Director Ivy Li, Account Manager

框架设计及编辑：SOCIAL ONE

1.0 市场背景以及商业目标 Campaign Background

对于品牌来说，每年的 12 月可以说是一次市场营销的好机会。在这个充满温情的、交替着圣诞与元旦节日的月份里，不少消费者都会把这份温情化作实实在在的礼物，无论是犒赏辛苦了一年的自己，还是向朋友亲人表达爱意。而品牌需要做的，就是如何使自己的产品能在万千琳琅满目的商品世界里成为最优之选。

对于 Olay 来说，选择在这个时候上市 RG 限量版大红瓶，无疑是一个最好的时机。年末推出限量版包装，对于很多商家，尤其是美妆护肤品牌，是一种营销常态。在圣诞和新年这个节点上，"限量"的珍贵，加上"笑容"和"礼物"这两个字眼的温馨，正好都是品牌非常要想传递给消费者的核心信息，通过与时下热点的结合，达到拉近与消费者情感距离的目的。

在中国，像 Olay 这样走温情正能量营销路线的品牌不计其数。尤其在特定的时间节点，结合对市场和消费者的洞察，通过打通消费者内心的情感屏障，建立与消费者情感连接的营销方式，越来越受到品牌的追捧。特别是对于护肤品市场来说，面对产品选择性的越来越扩大化和消费者日益感性化的买单方式，单靠强调产品的功能性来驱动消费者购买，已经是远远不够的了。因此在众多品牌齐齐出招，亮出"感情牌"的同时，如何脱颖而出，更准确地找到其受众人群的"痛点"，并能随之带来治疗其"痛点"的"爆点"，成为值得品牌思考的一大挑战。

因此，对于 Olay 来说，在新年这个节点推广其 RG 限量大红瓶系列，最大的挑战就是要找准这时期目标受众的内心"痛点"，并且提供治愈它的办法。

2.0 洞察与战略 Insight and Strategy

1. 了解目标受众的内心"痛点"

在新年这个时间点，25—35 岁年轻女性（Olay RG 的主要目标受众）中，很大一部分人要从工作的"外地"回家过年。回家过年，给好久不见的妈妈带去一份新年的礼物，相信是这个年龄段女性都会做的事情。Olay 的微电影为什么能戳中痛点，首先是角色设定精准——在外地工作的女儿和与之相隔两地的妈妈；其次是结合过年回家的时间点精准，所以恰到好处地把真实生活中这一部分在外地工作的年轻人心里的情感，通过视频中的女生，自然巧妙地表达了出来。

2. 及时跟进热点，快速引出"爆点"

2014 年 12 月 31 日，网友发布翻拍妈妈旧照片的内容受到高度关注以后，2015 年 1 月 9 日，Olay 在其官方微博平台发布了根据这条微博故事改编的微电影视频。视频以《献给最美的笑容》为名，讲述一个在外地工作的女孩，过年回家前，通过翻拍妈妈旧照片的形式，为妈妈准备新年礼物的故事。看完这部微电影，你会发现，Olay 除了把网友的真实故事放进视频里，让这份温情更加真实形象地展现出来以外，还融入了更多的品牌洞察在里面。

3. 有态度，有温度，打造营销"激动"点

作为一个护肤品牌，Olay 的核心诉求就是要让使用它的消费者都永葆青春、美丽永驻。而笑容是美的一种最直观的体现，怎样才能让消费者的笑容更美？相信是品牌长久以来的追求。在女生翻拍妈妈旧照片的事件中，我们不难发现，女生就是想要通过翻拍的方式，重现妈妈年轻时候的美丽笑容，并且通过翻拍的照片，留住妈妈的笑容。引用原帖中的一句话："岁月啊，你不要伤害她。"这对于 Olay 来说，就是免费的植入机会——岁月虽然无情，但总有应对岁月伤害的办法。Olay 就是想要告诉消费者，我能够让你无惧岁月的痕迹，尽情绽放你的笑容。

3.0 实施 Implementation

#最美的笑给最爱的你# 话题预埋

Olay 品牌前期在微博上进行了一系列的话题预埋。首先是在 12 月 10 日

前后，利用 Olay 大红瓶的代言人高圆圆的明星效应，结合当时热映的电视剧《咱们结婚吧》，挖掘剧中跟话题相关的母女情结，进行话题植入。

同时邀请微博大号清华南都发布"有一种笑叫高圆圆"的长微博，盘点高圆圆从艺以来笑容的变化，旨在带出她代言了大红瓶之后笑容越来越美的品牌信息。Olay 回应 @ 清华南都的盘点，更进一步带出品牌信息。女生的长微博中深情的文字表述与照片中母亲照片惟妙惟肖的神情，戳中了许多人的泪点，使得这条微博迅速传播开来，马上成为微博热门话题。

Olay 发现，女生的故事无论从情感基调还是话题本身，都非常契合自身的品牌理念。于是借着该事件的热度，成就了品牌快速反应借势营销的一次良机。"笑容""重现青春""节日""爱"，这些围绕着该热点衍生出来的关键词仿佛是为 Olay RG 大红瓶系列量身定制一样，完全与品牌想要表达的感情吻合。因此 Olay 借此热点，先是在微博平台发布消息宣称要将女儿翻拍旧照片的热点拍成微电影，接着再次借媒体的力量，把舆论引向微信平台，使得品牌微电影在上线之前得到更多渠道的预热传播。

4.0 商业目标实现衡量 Performance Against Objectives

此次 Olay 的借势热点营销战役，短短三周内话题 #最美的笑给最爱的你# 在微博上共获得超过 120 万的讨论量，微电影《献给最美的笑容》上线两天转发过万，案例获得超过 15 家业内媒体的报道，为品牌免费获得了将近 180 万的媒体价值，粉丝 UGC[①] 活动收集到了过千粉丝的晒图作品，最终营销战役获得了 1.5 亿品牌印象（Impression）。

5.0 创新和经验学习 Innovation & Lessons Learned

Olay 在结合女生翻拍妈妈旧照片热点的营销上，可以说是做到了"快、

---

① 全称为 User Generated Content，也就是用户生成内容的意思。

准、狠"。首先是反应速度快，在女生发布翻拍热帖的短短两天后，品牌立即响应，做出要把该事件翻拍成视频的决定；其次，受众目标洞察得很准，虽然是通过一篇翻拍旧照片的长微博引出话题，但两者的受众却是能够几乎百分之百重合。

最后除了"天时与地利"，Olay 在视频创作中也非常巧妙地将自己的品牌诉求融入进去，利用粉丝对于热点的关注度，打造出属于品牌自己的营销模式，做到了"人和"——很狠给品牌赚足了声量。在 2015 农历新年到来前夕，这次充满正能量的"献给最美的笑容"网络事件想必也启发到了更多的人，尤其是在外工作要回家过年的游子们，回家记得要给妈妈带上一份礼物，留住他们最美的笑容。

案例研究（Case Study）

海飞丝：中国达人秀社会化媒体实力擂台

导语：

平台整合优势多。在多个社会化媒体平台同时运用的情况下，如何实现不同渠道间的资源共享、相互宣传及意见领袖的合作，是品牌传播应该考虑的核心问题。在新浪微博平台稳定的情况下，增加 APP 应用的开发，为品牌的社会化传播开拓新的途径，让事件性的传播内容更具有延续性，同时整合移动端、微信，在时间和空间上都提高了品牌活动的参与性。

内容是运营重中之重。在海飞丝中国达人秀节目期间我们配合节目的播出内容第一时间更新，采用实时投票和双屏互动话题吸引到用户的大量关注，并能抓住实时热点进行实力体病毒传播，促使营销战役的目标达成。

营销战役档案

公司：宝洁

品牌：海飞丝

代理商：时趣互动

行业：快速消费品 / 头发护理

撰写：Juan Yan, Senior Account Executive

框架设计及编辑：SOCIAL ONE

    2012 年，选秀节目进入高峰期之后的调整期，真人秀类节目遭遇挑战，音乐类节目开始崛起。2012 年 7 月浙江卫视播出的《中国好声音》一炮而红，随后各大卫视先后推出一系列音乐类选秀节目。这正是 2012 年 11 月开播的第四季《中国达人秀》面临的大环境。对品牌而言，单纯的节目冠名加口播已经不能满足社会化媒体时代的传播需求。海飞丝品牌如何借助中国达人秀影响消费者，实现品牌的最大化曝光呢？

    作为一直致力于传递"自信、实力、果敢"精神的品牌，海飞丝在社交媒体平台搭建起"海飞丝实力擂台"，助力实力派，让消费者直通中国达人秀舞台。海飞丝实力擂台覆盖微博、定制 APP、腾讯 Qzone、微信以及手机 Wap 端，搭建起海飞丝中国达人秀的社会化媒体"实力擂台"。多平台社交媒体同步，多种互动形式打通，获得了 2000 万的视频上传、互动与分享，600 万的参与人次。最终，海飞丝实力擂台通过 social app 和游戏营销的传播策略，成为首个实现电视节目赞助和品牌社会化媒体联动传播的线上营销解决方案。

1.0 市场背景以及商业目标 Campaign Background

2012 年 11 月，第四季海飞丝中国达人秀开播，在电视界、娱乐界引发关注，而海飞丝则同时在社会化媒体的平台上掀起一股"实力"热潮，传播覆盖了社会化媒体的每一个角落——以"力挺实力派直通中国达人秀"为主题，覆盖微博、定制 APP、腾讯 Qzone、微信以及手机 Wap 端等多平台的社会化媒体运营，搭建起海飞丝中国达人秀的社会化媒体"实力擂台"。

海飞丝是品牌首次将社交媒体平台与电视屏幕整合起来，通过为《中国达人秀》节目直接输送实力擂台选手，并糅合多平台、多种方式的互动：上传视频、分享、投票、评论、微访谈，传递品牌"实力"精神，以达到品牌与节目、观众、普通网友之间的深层互动。

海飞丝品牌面临的三大问题：

1. 单纯的节目冠名加口播并不能有效影响消费者对品牌的认知。

2. 原有的品牌与消费者互动形式有限。

3. 品牌在社会化媒体上的口碑需要积累。

针对上述三个问题，我们将这次战役的目标设定为：

1. 借助节目，与消费者建立更深入的关系，输出品牌"实力"概念。

2. 以丰富多元化的互动方式吸引消费者参与互动，让互动变得更有趣。

3. 积聚整体的用户口碑，最大化品牌曝光量。

2.0 洞察与战略 Insight and Strategy

1. 洞察

2012 年社会化媒体方兴未艾，选秀节目不再以单一的电视屏幕为主，而是向多屏互通发展。看电视已经不是单纯的看电视，娱乐节目的观众在观看节目的同时更渴望通过 PC 或者手机与节目内容互动。作为节目的冠名品牌怎样借助节目在社会化媒体上进行传播？这成为海飞丝品牌要解决的核心问题。整体来说，这一营销战役正是在倾听并深入研究了消费者的网络使用行为和需求后产生的。品牌通过一系列的线上调研与观众问卷，最终将目光锁定在构建社会化媒体虚拟的实力擂台上。

2. 媒体战略

海飞丝品牌为了实现电视观众与节目互动，在社交媒体上搭建起虚拟的中国达人秀实力擂台。利用不同社交媒体品牌特点，海飞丝品牌最终实现节目和多屏社交媒体的联动和互通。

海飞丝实力擂台通过 social app 和游戏营销的传播策略，在社交媒体平台实现与网友的深度密切社交互动，并开启品牌社会化营销的创新之路。从屏幕到屏幕，从单独的点到交集的网，为社会化媒体搭建起互动的桥梁。

用户可以通过上传作品、微信有奖互动、即时参与、化身梦想观察员等互动方式参与到节目的线上互动。同时，在这个过程中，海飞丝品牌非常自然地输出"实力"概念。

3.0 实施 Implementation

1. 与客户沟通定制开发

● 新浪微博端定制 APP 海飞丝实力擂台是海飞丝品牌第一次在社交媒体平台试水定制 APP，通过定制开发，实现承载展示达人、推荐达人（上传视频）、支持达人（投票）、导演互动（微访谈）、有奖活动等功能，从而实现网友的深度参与。在支持达人环节，网友化身梦想观察家对实力擂台上的达人表演按下 YES 或 NO 的按钮。网友的决定可以直接影响选手在节目中的真正排名。

● 腾讯 QQ 空间定制开发　基于腾讯 QQ 的定制开发，实现与新浪微博定制 APP 同样的功能——展示达人、推荐达人（上传视频）、支持达人（投票）、导演互动（微访谈）、有奖活动，成功俘获众多 QQ 用户的关注与互动。

● 手机 WAP 端定制开发　海飞丝品牌微信账号开通以及实力擂台 WAP

端的开发，将覆盖面延伸到移动端。在积极顺应消费者使用习惯与需求的同时，不仅赢得部分移动用户的参与，也简化了参与门槛。在节目播出期间，海飞丝品牌化身小海，以一个节目忠诚粉丝的身份在节目播出期间发起多次有奖互动。

2. 代言人强势推广

海飞丝品牌为实力擂台的推广制作了专门的视频，巨星级代言人——姚晨呼吁普通人为自己支持的选手投出一票。视频在《中国达人秀》节目播出前后播放，并在网络平台广泛推广，吸引了众多消费者对"海飞丝实力擂台"的关注。

3. 意见领袖（KOL）传播

现代社会网络技术高度发达的同时，带来信息爆炸式传播。每一分每一秒数以亿计的信息蜂拥而来，在如此众多的信息之中，如何将要传递的信息送达目标受众群体里，需要借助意见领袖的力量。据悉，目前有超过50%的人的信息获取是通过他人告知，在社交网络平台上这一比例更是有增无减：有54%的用户表示对他们影响比较大的意见来自于小的社会团体，31%的人表示影响他们网上做出某一行为的人主要是某方面的资深人士，由此可见意见领袖的力量不容忽视。在这次战役中，共使用近350位关键意见领袖参与传播，涵盖代言人、达人秀评委、草根红人、段子手、作家、画手、明星粉丝团等。

4. 双屏实时互动

品牌与节目的互动已经不单纯局限在直播选秀现场，而是使用了更高互动属性的方式——实时发起投票，每个周日晚上，海飞丝实力派官微发起实时投票同步播出，网友可以利用这个时机在一起吐槽、欢笑。此外，也积极深入挖掘"实力"与选手的关系。海飞丝中国达人秀节目播出期间，品牌挑选优秀选手撰写实力体话题，发布实力体海报双屏互动话题，紧紧抓住节目热度传播海飞丝力挺实力派的理念，通过文案唤起网友和观众的情感共鸣。

5. 病毒内容

结合当下热点话题，特别根据实力体海报进行延展，邀请红人账号参与实力体概念传播。多位红人参与实力体海报创作，使得"实力，就是×××"句式成为流行句式。

4.0 商业目标实现衡量 Performance Against Objectives

本次营销战役达成的目标

1. 海飞丝品牌借助中国达人秀掀起社交媒体"实力"热潮，海飞丝品牌深入到节目里的每一个环节，在社交媒体平台掀起实力热潮，实力擂台的推广传播行为覆盖了社会化媒体的每一个角落。第四季中国达人秀节目播出期间，我们在微博、微信、iWOM 全面传播"实力"概念。更是以"实力，就是×××"为传播主线，引导网友关注实力，并与海飞丝品牌产生直接关联，深度强化"实力"与海飞丝品牌的情感纽带。借助意见领袖参与创作，实力体成为流行句式，广受网友欢迎。实力体的广泛传播与应用，也意味着海飞丝品牌输出"实力"概念获得极大成功。

2. 多种互动方式让参与更有趣。海飞丝实力擂台共获得 40 万网络投票，不仅帮助三名选手马子跃、董继兰和张倩云登上决赛达人盛典，也充分实现海飞丝实力擂台的价值所在，在让网友得到参与成就感的同时，也体现海飞丝品牌的权威性和影响力。2000 万用户访问，2000 万的分享与互动，成功搭建起品牌与用户、用户与节目的桥梁。

3. 海飞丝品牌口碑广为积累。海飞丝品牌通过海飞丝实力擂台以及海飞丝中国达人秀，获得了广泛的用户口碑积聚。在社交媒体平台上，头发护理以及实力相关的话题中，海飞丝品牌的提及率大为提高，并有效提升消费者的品牌忠诚度。

本次营销战役达成的目标

●40 万投票，2000 万用户访问，2400 万互动分享。

- 实力擂台话题搜索量达到 67 万。

- 海飞丝品牌获得 6 万新的粉丝(包括新浪微博、腾讯 QQ 空间、微信)。

- 节目播出期间，发出实时投票 119 个，获得 11 万次投票。

- 发布 53 次实力体传播，获得近 6 万次互动。

- 海飞丝品牌获得 16 亿次曝光。

- 额外媒体价值达到 13 亿元。

【在线延伸阅读】

移动商务：释放巨大市场潜力。

互联网视频＊你正常吗？

把"内容"交给"渠道"：你正常吗？ TV2.0 时代的互联网视频

导语 豆瓣上几个令人心仪的案例，如联想在豆瓣举办理想青年互动等都有一个共同的特点——内容与渠道紧密结合。联想所依托的理想青年是豆瓣自有小站；很多脱离豆瓣自有文化或内容的营销战役和小站，都惨不忍睹。

在 SOCIAL ONE 对虎扑体育的营销机制做了探索后发现，虎扑也愈发像品牌的整合大代理商，客户将营销目标告诉虎扑，由虎扑包办创意、媒介、执行。包括找资源、出内容、策划比赛、线上线下结合等。

腾讯视频大热的《你正常吗?》幕后制作公司唯众传媒创始人、总裁杨晖同样认为，大视频时代的营销法则注定了未来品牌植入会更加隐性，内容即平

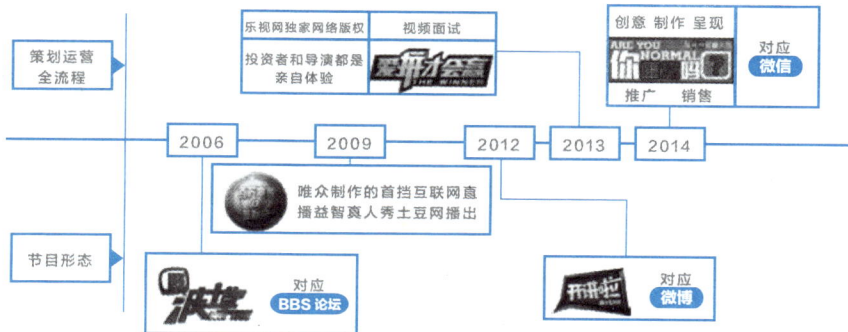

图1　唯众模拟互联网产品情境

台。在越来越多的营销创新中，媒体、平台将发挥越来越大的作用。这里的平台，甚至包括电商、物联网等衍生出的平台。营销人眼前将是一片"新大陆"。

下面，我们将视线集中在视频的营销机制以及未来的趋势。比如杨晖提到视频节目电商化与社群化。在唯众即将上线的"快时尚"设计师真人秀节目《中国爱美丽》中，就与电商平台合作，把产生丰富内容的节目作为承载预售和销售职能的产业链终端，设计师服装品牌方既是节目选手，是节目内容的组成部分，又能在节目中实现产品销售，同时通过电视端和电商平台的展示，最大化地为品牌做了营销推广。

一、什么才是互联网时代视频产品

想象一下，当你正在电脑、平板电脑、手机上观看一段视频，百无聊赖之时，屏幕上的滚动条自动帮你拖拽快进；情绪激昂之时，屏幕弹幕飞舞，网友一齐吐槽；QQ 弹窗、微信对话格式也适时出现在屏幕上。

如果你看过最新的大型调查真人秀节目《你正常吗?》，这一切就不再是想象。"我们每一档节目都会尽量尝试模拟互联网时代人们对话和沟通的应用方式。"唯众传媒创始人、总裁杨晖说。

这并不是《你正常吗?》向互联网模式靠拢的唯一表象。这档大型调查类节目，从节目的创意、制作、播出以及传播都在积极地拥抱互联网。

节目播出之前，唯众的节目制作团队原创了超过 500 道题目进入线上调查数据库，让节目的线上调查先行，网友的选择直接决定游戏的内容和最终结果。一道题会因为网友的反馈落选，也会有新的题目加入。街头调查和网络调查都反映普通民众的真实声音，全民参与、用互动和数据反映大众行为和心理是《你正常吗?》节目的核心所在。

互联网时代将群策群力（Crowdsourcing）以及公平的机制体现得淋漓尽致。除此之外，《你正常吗?》首次开发节目互动产品，"正常测试"基于 H5

线性传播 + 碎片化传播
"以用户体验为中心"

群策群力
（Crowdsourcing）

节目的线上调查先行,网友的选择直接决定游戏结果,唯众的节目制作团队原创了超过500道题目进入线上调查数据库,目前参与人数已经超过千万

创意

传播   制作

嵌入微信关系链
主打移动客户端参与

《你正常吗?》节目首次引入业内一流的节目营销公司做 toC 的社会化营销;与麦迪逊邦合作"营销人正常测试";与凤凰联动出版集团策划《你正常吗?》同名书籍

销售   呈现

互联网情景

滚动条,弹窗
对话框,弹幕

腾讯独播

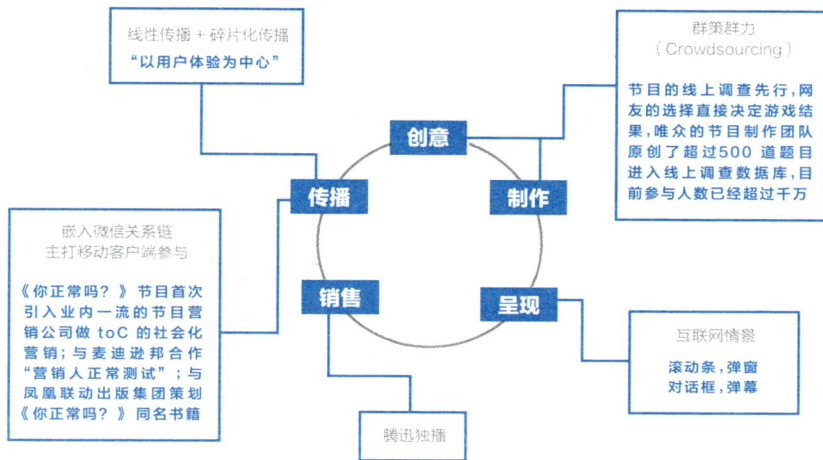

图 2　《你正常吗?》互动视频产品模式解析

页面开发互动游戏，嵌入到腾讯视频、新闻客户端、微信、微博推广，并开发出"你时尚吗?""营销人正常测试"等测试，投放于不同领域的垂直媒体，观众由被动的"看"节目转化成融入节目，与节目一起"玩"。短短一个多月，节目微信公众账号粉丝数近 20 万。

　　"什么是互联网时代的视频产品? 难道一定要是用户拍了然后上传才可以吗?"面对争议，杨晖对此有自己的理解，"我们作为一档全民大调查节目，问题是由网友票选出来的，输赢也是由网友线上互动的答案决定的，没有这些在线调查，没有用户，也就没有这档节目，这便是典型的互联网产品模式。"

二、牵手腾讯视频，数据的力量

　　早在 2013 年 5 月，腾讯视频就宣布 2013 年战略核心布局，主要围绕三个核心词：大数据、大平台和大资源。

　　作为视频内容的生产者，杨晖也始终在揣摩互联网对视频内容消费带来的

巨大变革。这些变革最主要体现在用户的观影习惯、与广告结合方式以及内容生产模式上；其中内容生产模式由 B2C 向 C2B 转变这一点，杨晖体会深刻。通过数据调查，节目制作团队了解到了用户的喜好，用户未来的兴趣点，并且根据用户行为来定制内容；除此之外，播出后的受众意见采集、行为分析、精准推送在很大程度上也都得益于互联网海量数据的支持。

《你正常吗?》节目首次引入业内一流的节目营销公司做用户端的社会化营销，腾讯视频投入空前的力量围绕该节目进行品牌传播投放。腾讯数据显示，在没有卫视同步播出的情况下，节目首期播放量超过 3500 万，播出三期破亿。从 4 月 10 日开播截至 6 月 18 日总播放量已近三亿。节目中的话题引起广泛的社会关注，引发广播、平面及网络媒体 211 家近 1000 篇新闻报道，新浪微博2569 万粉丝参与话题讨论，超过《晓说》2300 多万的总讨论量；一个多月内吸引 27 万网友成为官微粉丝，与运营一年有余的《晓说》官微粉丝数基本持平。百度新闻收录量 438 万，与电视台热门综艺节目相比，接近《我是歌手 2》的449 万。百度指数用户关注度 13694，远超已运营三季的《晓说》9719。结合该节目的特点，首次尝试跨媒体品牌营销，在中国国际广播电台热门节目《飞鱼秀》内开辟"你正常吗"板块；在知名杂志《心理月刊》开设"你正常吗"别册；与麦迪逊帮合作"营销人正常测试"；与凤凰联动出版集团策划《你正常吗?》同名书籍，与果木剧社策划同名先锋舞台剧。通过产业横向扩展，丰富腾讯视频节目品牌内涵，打造真正有生命力的品牌形象。

当"互联网思维"几乎已经要变成和"大数据"一样的大众迷思时，唯众却已经在这条道路上探索了八年之久。

2006 年，唯众传媒制作的《波士堂》，首次于访谈节目中引入现场观察员的角色，整个节目的设计，模拟论坛时代的特点——嘉宾是版主，现场观察员是来灌水的、拍砖的、抢沙发的，而主持人则成了管理员，就这样，唯众把一个 1.0 的电视访谈现场，很好地变成了一个 2.0 社区互动场。

这并非偶然。微博时代，意见领袖一人表达，数以千计的粉丝通过评论发表观点，唇枪舌剑；在这个沟通模式的启发下，《开讲啦》应运而生。《开讲啦》看起来就是一个传统的演讲项目，为何屡次创下央视同时段节目收视之最，并被誉为"中国好思想"。实际上，这档节目的演讲者成了自媒体发声器。主持人的主场优势被弱化，节目解构掉一问一答的传统访问形式，把第二人称"你"直接转换成了第一人称"我"，酷似微博上的平等对话和互动，节目形态和表达语境的变化，营造了强烈的2.0现场感和自媒体表达语境。

在《爱拼才会赢》中体现出的TV2.0，已不仅仅停留在节目形态，而是贯穿于节目的策划、生产、合作、推广、运营等流程，力图打造一个全方位的立体平台。在海选阶段，唯众采取视频面试的方式，即对所有选手的面试都实现了视频化，这在电视节目中是前所未有的。在宣传推广上，唯众把《爱拼才会赢》的独家网络版权卖给乐视网，用销售的方式实现节目的品牌推广，配合碎片化的亮点视频传播，使得这个节目很快在互联网上流传开来。观众能够通过各种渠道、各种方式看到这档节目。第二季《爱拼才会赢》更是联手创业众筹网站，开始与互联网进行另一种深度合作。

三、品牌植入——内容即平台

亿滋中国区媒体负责人、市场部副总监赵子峡先生也表示了对更原生传播方式的认可和期待，当时奥利奥"扭开亲子一刻"的内容以非打扰的方式融入到用户的日常视频观赏行为中。提升，而非损害用户体验，会更好地提高转化率。杨晖同样认为，大视频时代的营销法则注定了未来品牌植入会更加隐性，内容即平台。

去年湖南卫视的《爸爸去哪儿》最大的广告赢家不是三九感冒灵和英菲尼迪，而是奥特蛋。在节目中短暂的出现使该产品在淘宝网上卖到断货，这便是一个生动的植入营销的例子。同理，《你正常吗?》作为一个社会调查类的节目，问到一个刷牙习惯的问题——你认为早上一起来不刷牙就吃早饭正常吗？在这个自然的情景下，云南白药牙膏融入进来，提醒观众护齿须知也显得再正常不过。

四、品牌植入——视频节目电商化与社群化的未来

倘若把视频当作一个并非要在电视上播放的互联网产品，那么它的电商化和社群化就不那么难以想象了。

唯众在"快时尚"设计师真人秀节目《中国爱美丽》中，就与电商平台合作，把产生丰富内容的节目作为承载预售和销售职能的产业链终端，而设计师服装品牌方既是节目选手，是节目内容的组成部分，又能在节目中实现产品销售，同时通过电视端和电商平台的展示，最大化地为品牌做了营销推广。

另一个值得畅想的方向是社群化的合作。唯众传媒八年来依托《波士堂》《谁来一起午餐》《中国职场好榜样》《我为创业狂》《爱拼才会赢》等财经题材节目，汇聚了财经领域的大佬、专家、投资人及优质资源，培养了大量创业者、职场白领等忠实受众。下沉为汇聚顶级投资人、优秀创业者、财经爱好者的大本营也不失为一个方向，甚至成为资本交易的平台。

【在线延伸阅读】

品牌微信营销指南 2014 年—2015 年。

Chapter III

连接，兴趣，互动

社区建设 * 母婴 * 强生婴儿

强生社交媒体光环背后的故事

导语 一个新潮流的崛起都是爆炸式的，紧随其后的是无数追随者。但是到了一定的阶段，身处潮流中的人都会开始反思目前的状态，对于未来的发展趋势大家都会想去更清晰地展望。Social 的浪潮目前就处在一个反思的阶段，所以我们提出了一个问题，我们现在到底是处于 Social 的浪潮？还是它只是 Digital 浪潮的一个衍生？之所以把这个问题放到桌面上，也是因为它还没有一个绝对的答案。

除去一小部分一味鼓吹社会化并尝试推销他们的解决方案的企业，因为他们的"商业偏见"会更重一些。我们会更倾向于去认为品牌主对于 Social 上的应用的预算来源与决策者他的个人背景会很大地影响企业在社会化应用的发展。这也造成了今天我们可以看到不同的企业在社会化的应用上的参差不齐，这是一个再正常不过的局面。

还记得新浪微博刚出现在大家面前的时候，大部分人也曾认为它只是一个工具。但到今天大部分营销人已经把社交媒体作为一个不可替代的营销渠道。在前几个案例中，我们也不难发现一些在社会化走得比较前端的企业已经把社会化部门作为一个非常重要的基础设施，部署到企业的商业运作中。相信在这个 Social 发展的过程中，其地位会变得越来越重要。随着社交行为的进化与技术的进步，在未来有更多可期待的社会化应用会出现，给商业带来创新。

一、从 Agency 走向 in-house

在加入强生、组建社交媒体团队之前，Kevin Cai 在营销代理 Razorfish 服务 Nike 等品牌，负责 Digital/Social 方面的业务。对他来说，这四年前线作战的经验帮助他练就了一身过硬的基本功。"在 Agency 可以接触到最新最酷的技术，但离品牌的实际业务会有距离。在 In-House 得到的会是不同方面的锻炼，比如更好地理解公司的商业问题和需求，与不同部门的人沟通，说服我的老板，把营销融进公司的实际业务。"带着这个想法，Kevin 进入了强生。

2011 年，强生在社交媒体上的"资产"还很有限，在微博方面仅有偏向品牌层面的强生婴儿官方账号。跟大部分转型数字 / 社会化营销之前的品牌一样，那时的强生并未有专门的社会化营销代理，更多的是品牌代理，带着旗下的数字营销代理一并提供服务，主要做一些品牌播种（Seeding）。然而，这个方式并非所有品牌都适用，尤其在品牌缺少新品上市时，很难引起消费者的好奇心。

将 e-PR 剥离出来之后，Kevin 的当务之急是把先进的社会化理念更有效

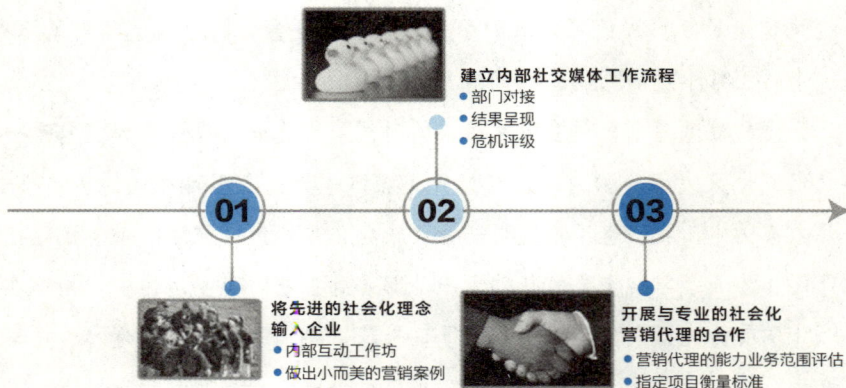

建立内部社交媒体工作流程
- 部门对接
- 结果呈现
- 危机评级

01　**02**　**03**

将先进的社会化理念输入企业
- 内部互动工作坊
- 做出小而美的营销案例

开展与专业的社会化营销代理的合作
- 营销代理的能力业务范围评估
- 指定项目衡量标准

图 1　强生建立社交媒体团队

率地输入企业内部。他一边建立与专业的社会化营销代理的合作，一方面开始做内部的社会化教育，包括互动工作坊、内训等。与此同时，Kevin 也不断地与各部门谋和，制定一个标准的工作流程，包括如何与 PR、品牌团队等各个不同部门合作，用何种方式呈现结果，怎么给危机划分级别，不同的问题传递给哪些指定部门，反馈的效率，等等。

"Social 不是 e-PR。按照 e-PR 的思路，内容自己给自己看，没有跟消费者的对话，无法打动消费者，无视消费者洞察，更不用提对这个洞察作出应对。"Kevin 说。

二、"新妈"，目标受众的行为变化，带来沟通方式的变革

时间回到 2012 年年初，这一年正是强生把营销的重点从传统转向数字的一年，而社会化营销是其中非常重要的一环。Kevin 被委以重任，负责强生旗下所有品牌的社会化营销，在电视广告缩减的大环境下，数字营销仍然为各品牌的品牌团队分别负责。

作为一个拥有悠久历史的品牌，强生婴儿的知名度并没有问题。然而，由于坚持十年如一日的沟通方式，品牌在与年轻一代的消费者互动上略显疲态；2011 年第四季度的公关危机，也令公众更加期待强生接下来的作为。在这些大背景下，强生婴儿将自己定位为真正懂得妈妈群体的"妈妈的好伙伴"，希望重新获得消费者信任，并积极与消费者互动。面对消费者行为的变化，"80后"、"90后"新妈妈时代的到来，品牌也将数字平台定为这次重新定位的主战场。以新浪微博为大本营的"强生婴儿新妈帮"应运而生了。

三、以微博为大本营

强生将社交媒体营销作为整合营销重要的一环，在整个媒介沟通生态中，

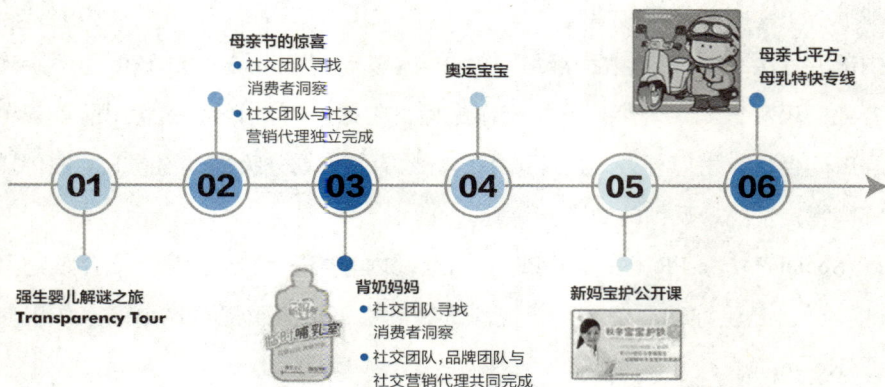

图 2　强生婴儿新妈帮社会化实践

微博是消费者互动和对话的中心，通过线上线下的付费广告推广新妈帮微博；承载品牌倾诉（Brand Tell）的视频也架构于微博的 TAB 上，社会化聆听与对话同时进行。

从整体来看，第一步的告知目的由视频呈现与线上展示广告实现，然后通过推出定制化的微博内容以及意见领袖完成推荐。及时回答妈妈提出的育婴问题，最后，是更实际的产品推广，同时结合电子商务平台。

四、强生婴儿新妈帮，聆听妈妈的声音

Kevin 非常擅长在预算有限的情况下，用创新的方式做出影响力。新妈帮的第一个节日活动是个"小而美"的案子——母亲节的惊喜。这背后的洞察是"妈妈的需求"。

第一个母亲节，宝宝尚在襁褓中，无法表达感情，而爸爸和其他家人也可能因为关注重心的转变忘记这个日子。强生婴儿决定为新妈们制造母亲节的惊喜，让宝宝"开口说话"送上祝福。这次活动的目标受众是"80 后"的"新

生代妈妈"，她们习惯于用微博获取资讯，分享生活，与朋友互动。强生婴儿从自己的微博粉丝中挑选 100 位新妈，一对一打造独一无二的祝福内容。在当时，那是一次全新的微博应用，只需一张照片，宝宝就能开口说话送上祝福，与爸爸私信联系，寄出母亲节大礼包。当这些妈妈登录微博时，可爱的宝宝便生动地为她送上祝福，之后妈妈也非常乐意转发这个信息，分享给朋友们，继而扩大了活动的影响力，这其实也是抓住了消费者的分享心态，他们总是更愿意分享某一类特定信息。而当这些妈妈回到家中，爸爸送上了强生提前准备好的大礼包，感谢妈妈的付出。

作为微博历史上首个为粉丝提供订制化体验的品牌微博，强生婴儿没有花费一分媒介费用，便收获了无数 100%好评，收到惊喜的妈妈都很喜欢本次活动。其中：

- 93%的妈妈表示他们会继续使用强生婴儿的产品。
- 95%的妈妈愿意向朋友推荐强生。
- 100%的妈妈在参与活动后把这件事情分享给身边的人。
- 20%的妈妈还邀请了其他朋友一起来体验惊喜。

经过妈妈们的微博分享及口口相传，短短两天之内活动总共产生：

- 800 多次微博互动。
- 50%的强生婴儿粉丝增加率。
- 50 万微博影响力。
- 5000 次的微博应用参与数。

五、杀手锏：精准的消费者洞察

Kevin 将在数字营销代理多年的经验带进了强生：从去年母亲节给妈妈的惊喜、背奶妈妈到李施德林漱口水与街旁网的合作，Kevin 的创意不断。每一个成功的创意背后，都是对消费者洞察的精准把握。

对 Kevin 来说，消费者洞察是一切的根本。在物质稀缺时代，品牌制造出东西，通过营销手段拼命给消费者洗脑、消费者接受、故事结束；而如今，物质极度丰富，消费者获得信息的渠道多样化、碎片化，品牌必须真正做到"Consumer-Oriented"（消费者导向），了解消费者想要什么，再想办法满足这种需求。

除了上文提到的母亲节惊喜，李施德林与街旁网合作的专供消费者在餐厅享用美食时签到的吃货滤镜，也是一个非常精准的消费者洞察，迎合了中国消费者热爱美食，以及用餐前爱拍摄食物的习惯。

当时品牌碰到的一个实际商业问题是，刚进中国，李施德林的定位是专业解决牙齿的问题，也就是说，消费者只有在牙齿出现问题时，才会想起使用，这大大降低了产品使用和购买的频率。Kevin 的一大挑战是，如何把产品使用变成日常生活行为，如何在每日用餐时令消费者意识到口腔健康问题。作为一个社交媒体的重度使用者，Kevin 想到了用餐前拍照的行为。这个看似简单的纯社会化营销活动，除去媒本和品牌层面的收益，实际促进了 23% 的销售增长，而这一切，都是在预算非常有限的情况下实现的。

案例研究（Case Study）

米其林："胎教课"，以消费者需求为核心，借势垂直社区

导语：

中国拥有日益壮大的汽车市场，越来越多的车主将要及正在拥有自己的第 1 辆甚至第 2 辆车，而数据显示，中国 80% 的车主都没有更换过轮胎，并且也没有意识到轮胎对于日常行驶的重要性，也基本缺乏获得专业轮胎知识的途径，大多数消费者只是在轮胎真正出现问题时，才去咨询身边的"老师傅"，抑或是到汽车垂直论坛尝试找到"答案"，而这些"答案"大部分缺乏专业性，更多是民间总结实践的结果，广告的铺天盖

地使消费者大都缺乏信任抑或是无法判断，而他们的确需要专业的轮胎知识帮助。

　　通过与汽车行业垂直论坛——汽车之家的媒体战略合作，打造米其林"轮胎知识专区"，以消费者需求为导向，创造内容，联合编辑资源，车型消费者讨论，线下体验，线上二次口碑分享的体验路径，完成从线上到线下再到线上的整合传播，打造一个完整系统的米其林轮胎"胎教课"。而"胎教课"的形式，则根据实际围绕消费者讨论需求的点来展开，如漫画、对比测试、视频解说、赛道体验等，将枯燥的轮胎专业知识，逐渐转变成符合消费者语言的一系列"趣味课程"，在整体传播过程中，让消费者在真实感受轮胎的重要性的同时，进一步提升对于品牌的好感度及信赖度。

　　这是一个持续性的教育过程，消费者品牌好感度（NSR）在不断提升，由第一季度末原本的 78，在第三季度末，提升到了 90，同时，消费者在自发产生的品牌讨论及声量，也在持续地增加，逐渐由品牌引导向消费者自主发声进行着转变。

　　营销战役档案

　　公司：米其林投资（中国）

　　品牌：Michelin 米其林轮胎

　　代理商：氩氪互动

　　行业：汽车后市场

　　撰写：Sam Wang, Account Director of Arkr Digital Aaron Zhang, Managing Director of Arkr Digital

　　框架设计及编辑：SOCIAL ONE

1.0 市场背景以及商业目标 Campaign Background

1. 行业现状

轮胎行业属于汽车后市场行业板块，随着汽车销售市场的迅速增长，越来越多的车主拥有了自己的第一辆车，而他们对于汽车的相关维护及保养，缺乏最基础的知识。中国消费者/车主，对于轮胎重要性的忽视及轮胎专业知识的缺乏普及，使得轮胎行业的品牌，除了在原配轮胎合作及经销商的轮胎销售建立外，在传播层面，除了广泛的"广而告知"，不断投入广告预算，缺乏行之有效的方式和方法与消费者建立起信任，完成传播。轮胎企业，需要一个合适的渠道和方法，与消费者建立其真正的联系，增进品牌好感度及信赖感。

2. 消费者现状

与汽车美容、汽车保养这两大块汽车后市场的重要组成部分相比，轮胎的重要性，甚至是轮胎品牌，中国消费者能说出的数量也不多。而这些，还是往往通过之前普遍的广告投放完成的品牌知名度的推广。80%的中国消费者/车主都没有更换过轮胎，并且没有意识到轮胎的重要性。而有需求的时候，消费者无法找到最专业的或值得信任的轮胎建议，如遇到爆胎，换胎需求到线下轮胎终端时，往往消费者以解决问题为优先，又缺乏可判断的轮胎知识。店内技师的建议不得不从基础的正确行车知识、轮胎间的差异等轮胎相关知识开始，只有少数中国消费者略懂，而这些同样也是经过多次的爆胎、换胎等经历逐渐累积的。

有需求时，他们或者询问身边的车龄较老的朋友，而更多跟车型相关的轮胎问题，他们往往在人气较高的汽车垂直社区向拥有同款车的网友们求助、打听或搜索，但是他们缺乏基础轮胎知识的判断，对于明显的轮胎品牌广告行为，又潜意识地抵触，最终，他们需要花费很多精力才能寻获可能有效的、可帮助他们的轮胎知识。太专业枯燥的轮胎术语及参数他们无法了解，他们需要的，是一种易于理解的、有帮助的轮胎专业知识。

3. 品牌现状

米其林轮胎拥有行业中最多的专利技术，也保持着非常高的技术和产品创新投入，在全球市场，米其林无疑是领先的轮胎品牌之一。在中国轮胎行业，中国消费者普遍缺乏对于轮胎重要性的认识，无法意识到轮胎科技可以为行车带来的安全升级及更好的驾乘体验，性价比这三个字，在中国深入人心。而面向无论是普通的追求驾驶安全及舒适性的消费者人群，还是追求驾驶操控及体验的高端消费者人群，米其林无疑拥有与之相匹配的有竞争力的各款产品。

4. 战役目标

● 短期目标

建立与所传播渠道、全新形式的整合传播合作，为消费者持续创造他们"想看到的，最迫切希望了解的内容"，打造与消费者的互动。

● 中期目标

完成在所传播渠道消费者的教育，提升其对品牌的整体好感度。

● 长远目标

使品牌成为消费者口碑中 No.1 的替换胎选择。

2.0 洞察与战略 Insight and Strategy

1. 消费者行为洞察及策略

通过品牌对于轮胎目标消费者网络行为路径的调查研究（Michelin & AC Nielsen research），中国的消费者遇到轮胎问题，往往习惯通过搜索引擎（无常用的汽车垂直网站或论坛）或直接登录汽车垂直论坛寻找答案（调查显示，此部分人群占据所有目标人群六成以上），而客观专业的编辑评测内容文章及车同型论坛中的网友专业话题讨论文章或答案归总帖，往往是他们的首选（来源于消费者在线调查，编辑文章喜好占比 46%，网友专业文章占比 26%），同时大部汽车垂直网站点击率较高的内容文章及帖子，又会被搜索引擎自动收录匹配再次导流至汽车垂直网站（通过自然抓取及关键字相关SEO[①]），形成一个轮胎相关资讯的传播链条。

2.媒体渠道洞察及策略

无疑，汽车垂直论坛是中国车主聚集最多的平台，米其林轮胎也与其他品牌一样，曾投入过大量的广告预算进行硬广告投放，完成品牌传播。但面对广告攻势，中国的消费者往往具有极高的判断力或者先入为主的拒绝，收效甚微。如何在有限的预算范围内，在合适的渠道上，完成有效的传播，让消费者真正放下对品牌的"心理壁垒"而来拥护品牌，自主传播品牌，是品牌传播上的一个长期命题，也是赢得这一场营销战役的重要条件之一。

通过行业数据调研及报告（iResearch tracker）我们发现，无论是对消费者访问数量、消费者平均访问页面、消费者自发讨论声量、平台内容专业性及行业影响力来说，汽车之家在汽车垂直论坛中均表现出接近于垄断的地位，其同样致力于为消费者提供最客观专业的知识及互相讨论的平台。因此，与汽车之家的战略合作，成为米其林作为领先轮胎品牌的优先选择。

3.传播执行战略

与汽车之家达成除却广告投放之外的非商业合作资源交互战略，共同打造以米其林专业知识为支撑的，为消费者提供轮胎知识及交互讨论的"轮胎专区"内容平台，以消费者需求为导向，提供多方位的知识及体验：

● 与编辑内容合作，打造高专业性的评测及轮胎专业内容文章。

● 在针对性的车型论坛中，围绕消费者需求，提供针对性话题的讨论及体验。

● 以米其林专业知识及资源为依托，将原有的米其林工程师 ID 打造成

---

① SEO 由英文 Search Engine Optimization 缩写而来，中文意译为"搜索引擎优化"。SEO是指从自然搜索结果获得网站流量的技术和过程。

即时提供消费者轮胎相关知识的互动 ID。

● 打造 always on 的轮胎知识集中展示平台，让消费者有需求的时候能真正意义的有处可寻。

3.0 实施 Implementation

这是一场与常规战役与众不同的战役，并没有常规战役具有的预热、执行、扩散等不同的传播阶段，而是一个以创造消费者所需内容为核心，围绕消费者需求进行解答和提供体验的长期战役，其宗旨就是建立消费者浏览及参与习惯，在提供真实帮助的过程中，潜移默化地使消费者通过圈中的口碑、亲身的体验，逐渐建立起品牌好感。

1. 媒体投放作为先期流量引导，主动培养目标人群浏览及互动习惯

战役初期，主要平台流量通过媒体资源包的投放完成人群引流。在投放过程中，为进一步拉近与消费者的距离，秉持帮助消费者更了解轮胎相关专业知识，为消费者创造更有趣、更有机会亲身参与的轮胎相关体验的宗旨，甚至在广告投放素材上，也完全弱化去除了品牌形象。

2. 优势合作，创造内容非商业、专业编辑轮胎可读性内容

通过战略合作框架，协调汽车之家编辑团队及策划团队，进行每两周、每月的选题碰头会，沟通及交流轮胎专业知识及根据轮胎实际使用行为延展的话题，如五一小长假时期的驾车出游，打造围绕安全驾驶主题话题的轮胎安全性评测文章；10 月针对于北方地区时令，结合冰雪制动轮胎测试及技术讲解，普及冬季胎相关知识，提醒北方消费者对于冬季行车安全的重要性。完成每月至少两篇的，由编辑实际体验、感受、客观分享的专业性文章内容。

3. 消费者需求出发，围绕消费者提供内容及体验，完成消费者教育，培养自主传播

● 倾听消费者

通过 CIC 的消费者论坛声量监测合作，每月定期了解消费者最希望了

解、最多聊及，或者最希望尝试的话题，进行各车型论坛前5话题的排序，倾听消费者需求。

●迎合需求，创造话题，提供体验

根据消费者需求，每月结合近期轮胎编辑话题（如安全制动，冬季用胎等）打造以车型论坛为主要触点的在线胎教课互动及针对性的论坛话题互动。

针对性论坛的话题互动，如谈及冬季用胎话题，则会进行冬季胎基础知识的互动问答（由米其林工程师ID作为专业形象进行答疑解惑），同时针对优秀问答的消费者，给予免费尝试体验冬季胎的名额，让其在米其林专业的门店指导下，完成冬季胎的更换。

●消费者实际体验，二次分享

在整个轮胎体验过程中，米其林轮胎仅提供免费的轮胎、专业的终端服务及安全的保障，给消费者完全自由的空间去感受米其林轮胎带来的不同，鼓励其与网友自行分享最客观的真实感受，达成品牌的二次传播，进一步激励更多的消费者乐于参与到与品牌的话题互动中，去解决他们对于轮胎最基本的疑问或者进一步希望知晓的知识。

4.0 商业目标实现衡量 Performance Against Objectives

在米其林胎教课营销战役打响以后，汽车之家消费者正在逐渐养成对于轮胎相关知识的定期浏览的习惯，米其林轮胎专区的重复访问比由初期的5%（初期靠广告带动流量完成消费者的初次浏览体验）提升至目前的25%，相较于常规品牌活动网站，轮胎专区的页面浏览平均时间为约9分钟，逐步完成了从参与活动到浏览知识的消费者习惯培养。（数据来源于秒针第三方监测系统）

在论坛中，营销战役开始后，米其林工程师ID的最新关注自然增加近千人，逐渐向着有轮胎知识，就问米其林工程师ID的目标迈进。

从网络声量及品牌口碑来说，米其林轮胎品牌好感度由项目启动前的78

上升至历史以来最高水平 90，目前为止是全网轮胎品牌好感度最高的品牌。（数据来源于 CIC 监测 NSR 指数）

5.0 创新和经验学习 Innovation & Lessons Learned

这是一场与众不同的战役，放弃了长久以来轮胎品牌甚至是大多数品牌一直以来在进行的快速教育、快速互动、快速扩散的传统的品牌主题传播模式。而改为投放广告、吸引人流、实施互动、完成信息传达。

在此次米其林的传播项目中，最值得洞察或者继承的是回归传播的本质，着眼于消费者最渴望需求的信息，为消费者服务，创造他们的体验机会，并不仅针对于传统公关式的编辑文章，而是针对于所有普通的消费者，以他们常关心的话题需求出发，迎合话题，创造体验平台，不过分及刻意强调品牌，真实地体验传播，反而更有成效，也更久远。

与米其林轮胎的合作，以品牌领先的行业知识作为依靠，以汽车之家首屈一指的领先地位作为消费者流量的依托，以踏实的洞察消费者需求并满足需求作为日常传播的实干命题，围绕消费者与其共同创造内容，希望并且逐步完成在口碑的环境中创造口碑，让真实的消费者传递真实的信息。

案例研究（Case Study）

强生婴儿：小小空间大大爱，关爱背奶妈妈

导语：

1. 实际问题的解决者

强生婴儿让人们关注背奶妈妈的现状，并采取支持的行动。通过聆听目标受众的真实需求以及采取精准的行动来解决问题，最终成为妈妈们可靠的伙伴。品牌角色演变为聆听者而非灌输者，问题解决者而非利益追求者。

2. 从持怀疑态度的消费者中重获信任

生活压力颇大的消费者追求实惠，但同时更重视信赖和真实的价值。正如有名的 NAB Break Up 的活动，消费者并不指望他们的银行是完美的，但是他们却讨厌无休止的贪婪。如今，营销者需要将更多意义和价值视为他们的品牌的一部分，通过为消费者设身处地地考虑并投入激情，最终的结果才能确保品牌受到正面的评价而非负面的揣度。

重新获得充满怀疑的消费者的信任，最好的途径是真正解决他们的问题而不是简单地宣传品牌。消费者"喜欢"你的品牌时，并不是因为提供了折扣。有 79% 回应是希望了解更多关于品牌、产品和服务。其他"喜欢"某一公司的理由包括：分享我的观点（67%）；发表见解（59%）；在我的社交圈内展示我的品牌喜好（58%）；融入社群成为一部分（57%）；给品牌负面的反馈（53%）。从这些数据可以看出，如今的消费者已经越来越占据主动，品牌应该更多地倾听他们的声音并关心他们，而不是仅仅告诉消费者去做什么或者引诱他们购买更多。

营销战役档案

公司：强生

品牌：强生婴儿

数字营销代理：NIM Digital

社会化营销代理：VITAMINE

行业：快速消费品 / 母婴

撰写：Jamo Woo and Icy Han，NIM Digital

框架设计及编辑：SOCIAL ONE

在今天的中国，有超过50%的妈妈在休完产假恢复工作后成为背奶妈妈。他们需要在繁忙的工作时间吸取并储存下她们的乳汁。遗憾的是，大多数公司都没有为妈妈提供干净的私人场所。因此，妈妈们不得不躲在尴尬的角落比如空的办公室、会议室、储藏室甚至是盥洗室来吸取乳汁。

作为一直致力于"和妈妈一起追求更好"的品牌，强生婴儿发起了一次名为"小小空间大大爱——关爱背奶妈妈"（Pump It Forward）的活动。这一活动包括设计一张可以重复使用的贴纸，能够将闲置的场所变成临时哺乳室，拍摄一个短篇来宣传怎样使用和分享贴纸，制作一张交互地图来标记空闲的场所提供专门的引导服务，这使强生婴儿成为了帮助妈妈解决实际问题的第一品牌。

这一活动也迅速成为了一个社会话题，产生了250万正面的关注。中国著名主持人杨澜也利用她的电视节目推广了这一行动。中国政府甚至通过了一项条例来延长产假的时间。

1.0 市场背景以及商业目标 Campaign Background

2011年年末，强生婴儿陷入"双重标准"的公共危机之中，企业的形象和业务都受到影响。为了减轻对顾客关系的伤害，重建品牌形象，强生婴儿发起了数次传统的公关战役。不幸的是，这些战役并没有帮助品牌从恶化的状况下完全恢复过来。

与此同时，竞争品牌例如贝亲（Pigeon）和嗳呵（Elsker）则从强生的失利中获利，并且表现更加出色。这威胁到了强生婴儿在中国的统治地位。

更加严重的是，充满质疑和承受巨大生活压力的中国消费者并不会轻易相信来自于企业和政府的宣传。他们更加倾向于相信互联网（其他消费者或者意见领袖）和朋友。为了缓解与消费者的紧张关系，强生婴儿，这一市场的领导者，希望寻找能够重获消费者信任的方式，提升品牌认知并成为消费者长期的值得信赖的合作伙伴。

面对这些挑战，本次营销战役的营销目标为：

1. 通过强有力的情感联系与充满疑惑的消费者重建信任。

2. 在数字平台上与消费者进行适当的沟通来增强品牌的拥护度。

2.0 洞察与战略 Insight and Strategy

总体来说，这一战略是通过倾听消费者真实的需求，并从消费者利益出发，改善他们的处境。这一切基于独一无二的"倾听—学习—行动"模型。就结果而言，强生婴儿获得了品牌信赖、品牌价值以及社会力量的整合。

在通过社会化倾听了解妈妈们在社交媒体上的讨论，以及一系列线上和线下对品牌粉丝的访问，强生婴儿将"背奶妈妈"定义为中国妈妈面临的最大问题。

1. 谁是背奶妈妈

在中国，有超过50%的妈妈属于"背奶妈妈"这一群体。在三个月产假后，这些妈妈不得不在工作环境下吸取母乳，并将这些母乳带回家给宝宝作为第二天的口粮。由于在中国的工作场所往往缺少特定的哺乳空间，这些妈妈就不得不躲在办公室、储藏室、空闲的会议室或者甚至是盥洗室来为宝宝吸取母乳。每天都是一个挑战。在忍受了超乎想象的尴尬和困难后，一些职场妈妈完全放弃母乳喂养。

2. 真正的解决方法

不只是引起关注 有一些品牌号召关注与关爱这一特殊群体。遗憾的是，没有一个企业为妈妈提供真正便捷的解决方案。强生婴儿的洞察是，虽然一些妈妈已经在互联网上联合起来讨论这一问题并解决她们的困难，但是她们的声音过于微弱，无法在现今的媒体环境中被重视。因此，强生婴儿希望能够代表妈妈，联合社会各界的力量为背奶妈妈们创造更好的哺乳环境，通过实际的解决方案来为妈妈创造更多的哺乳私人空间。

这既是妈妈们改善她们处境的一个绝好机会，同时，也让强生婴儿能够通过主动承担社会责任建立卓越的品牌形象。这并不只是惠及背奶妈妈和她们的家人，

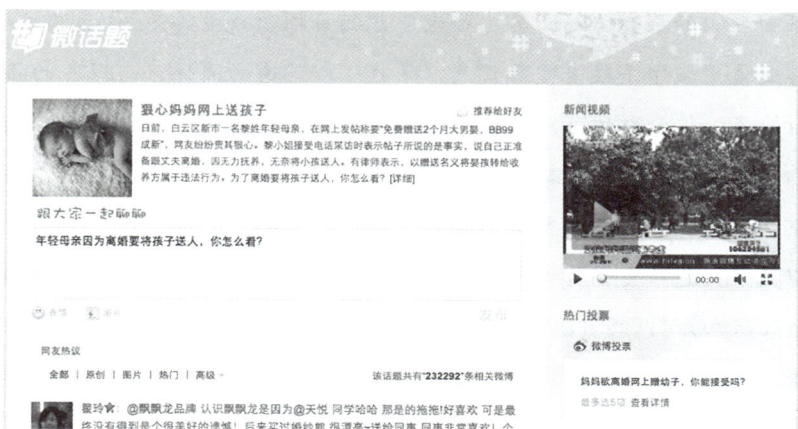

图3　由于负担不起上涨的生活成本，一个妈妈将宝宝送人

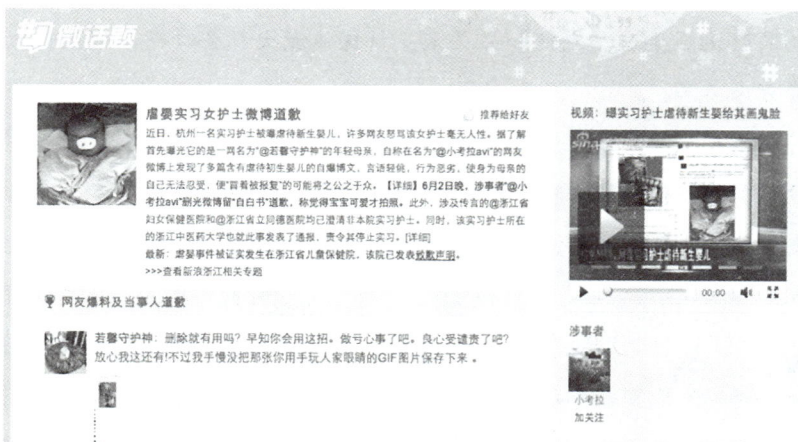

图4　一个护士晒出其在医院里戏虐婴儿取乐的照片

令他们不必再忍受尴尬和困窘，同时也令更多的人能够展现他们对妈妈们的关爱。

3. 中国妈妈们的社会化协同合作

中国领先的社会化平台——新浪微博，并不只是一个超级媒体，能够将信息传递给海量的用户，而是一个推动人们相互合作，并对各种社会议题产生正面影响的强有力的工具。强生婴儿的目标受众主要是80后的妈妈们，她们喜爱使用数字手段来获取信息，寻找可以沟通的同伴，与现有的品牌粉丝进行分享，这一群体可以被归结为种子影响者。基于这一原因，我们选择微博作为主要的平台来发起这一活动。

概括来讲，强生婴儿要做的就是通过一个实际的解决方案来帮助背奶妈妈，以此来促进社会合作。因此，他们发起了一项名为"小小空间大大的爱"（Pump It Forward）的社会活动，试图引发全社会共同关注背奶妈妈，并为她们腾出空闲的空间传递关爱。

3.0 Implementation 实施

强生婴儿整合了多样化的媒体平台来引起广泛的社会关注。数字平台是主要的品牌沟通渠道。电视和公关来支持媒体放大社会口碑，以此鼓励更多的消费者来参与。

行动一："背奶妈妈"贴纸

设计了一张独特的临时哺乳示贴，可以在强生的官方微博"强生婴儿新妈帮"上申领。这张可重复使用的贴纸能够贴在任何闲置的空间上，将其变成临时的哺乳室。使用这种方法来告知路人这一场所正在为私人所用。这并不产生额外的资金或者资源需要，因此对雇主和社会都不会产生任何压力。

行动二：短片

制作了一段视频在网络和楼宇间播放。这一视频不同于强生婴儿以妈妈

图5　强生婴儿背奶妈妈哺乳室贴纸

图6　在优酷上播放的短片

快乐的时刻为主题的商业广告。相反，它揭示了中国背奶妈妈的苦恼，以引
起雇主对这一问题的关注。这一视
频也演示了怎样在办公场所创造一
个安全私密的空间给妈妈使用。此
外，为确保可信度，一些描述背奶
妈妈困境的权威报告也在视频中
播放。

　　行动三：互动地图

　　设计了一张互动地图，用户若
发现闲置空间，可以在地图上标注
出来，用来引导"背奶妈妈"发现
最近的临时哺乳室。

图7　互动地图

　　行动四："母爱一小时送达"，
母乳特快

　　提供了第一个名为"母爱一小时送达"的专业快递服务，来帮助妈妈将
母乳从办公室送到家，以解决因在办公室储藏导致母乳变质的问题。

图 8   杨澜在电视上加入这一行动   图 9   "母爱一小时送达"专业快递

杨澜女士在她的电视节目（天下女人）中也加入了这一行动。她讨论了这一与中国女性有关的重要议题，引起了更多的社会关注。

4.0 Performance Against Objectives 商业目标实现衡量

目标一：重拾信赖有意义的品牌原创打动了妈妈们，她们开始重新与品牌建立联系，关注品牌的官方微博强生婴儿新妈帮。它如今已成为中国拥有最多粉丝数的婴儿护理品社交媒体账号。

强生婴儿官方微博 @ 强生婴儿新妈帮粉丝增长 700%。

一些量化研究中的数据可以显示出情感性的联系的强化：

● 46% 参与者感到关怀和呵护。

● 21% 的参与者认为活动网站是能够相互帮助的平台。

消费者对于品牌的态度有很大改善：

● "熟悉度"增加：17% ；"喜爱度"增加：27% ；"购买倾向"增加：3%。

活动显著增强了大多数功能性的品牌形象：

● "我信任的品牌"在妈妈中增加：3% ；背奶妈妈中增加：2% ；"妈妈与宝宝的亲密度"增加：12% ；"觉得自己是好妈妈"增加：3% ；"与品牌的合作"

增加：3%。

目标二：增加品牌的拥护率

● 背奶妈妈成为一个在妈妈和整个社会中都最受关注的社会话题。

● 微视频的点击率超过 1100 万次。

● 相关微博推文增加 250 万条。

● YTD 强生婴儿分享超过 51.8%，排名第一。来源：Nielsen Tracking。

● 52% 的参与者表示他们很喜欢也愿意主动去分享，并且很想鼓励周围的朋友一起参与到活动之中。

● 中国排名第一的脱口秀主持人杨澜，邀请其中一位强生婴儿新妈帮的朋友来到她著名的电视节目——天下女人，来支持背奶妈妈。

● 主流媒体（PCbaby.com, Yaolan.com, Fujian Daily and Health Times）报道了这项活动。

● 追求女性福利的非营利组织（All-China Women's Federation, Breast-feeding Headquarters and Breast-feeding Mom's League）也积极回应。更重要的是，强生婴儿提供了一个独特的和有效的办法来帮助中国在职妈妈在工作时间吸取乳汁。

● 32000 临时哺乳贴士被寄送给了背奶妈妈们用来创造临时哺乳室。

● 公司和雇主（联合利华、梅塞德斯—奔驰、雀巢、雅诗兰黛、阿里巴巴、平安保险、美乐和通用电器）都为背奶妈妈提供了永久的哺乳场所。更加振奋人心的是，中国政府通过了一项法案来延长产假的时间。

案例研究（Case Study）

佰草集：新逆时恒美上市借势社交热点话题

导语：

如何将品牌的信息转化为社交媒体上有价值并具有传播性的内容，

这是鉴别好的社交媒体案例很重要的一个标准。在内容转化完成后，如何通过不同的子内容走进社交网络不同圈层，则是另一个难点。本案例洞悉社交网络最基本的内容特征："有趣"，以此为基础，进行创意制作；同时深入动漫圈层、萌宠圈层、情感圈层、娱乐圈层；并适时而安全地结合热点，避开争议性的角度，更好地传递品牌信息。

营销战役档案

公司：上海家化

品牌：佰草集

代理商：环时互动

行业：化妆品

撰写：Jeff Liang, Project Director of S-Lab

Paco Li, Account Manager of S-Lab

Keira Zhou, Associate Creative Director of S-Lab

框架设计及编辑：SOCIAL ONE

　　每当要换季的时候，化妆品行业就会有新一轮产品的传播需求。而进入到秋季，抗衰老功能产品则是众化妆品品牌着重推广的产品线之一。今年，上海家化旗下佰草集品牌希望在中国重新推广新逆时恒美系列产品，希望借助一系列的网络推广，提升佰草集在网络上的声量及消费者对该系列的认知与喜好。最终品牌通过线上线下整合的社会化数字营销，有效地帮助品牌推广了其品牌的产品理念（锁住青春微博话题的阅读量达 1.3 亿以上，远高于其他同期化妆品社交推广效果）。

1.0 市场背景以及商业目标 Campaign Background

近几年，国内化妆品行业的发展非常迅速，竞争也愈发激烈。虽然传统西方品牌像雅诗兰黛与欧莱雅集团旗下品牌依然强势，但优势已经不再像过往那么明显，中国本土及日韩等地的化妆品品牌也迎来更多的机会与挑战。在抗衰老这个产品系列线上，一方面，各家品牌逐渐将品牌的消费者年龄从30 岁往 25 岁的轻熟龄上面靠，去迎合消费者的潜在需求，从而抓住更多未来优质的客户；另一方面，随着互联网的发展，更多的消费者不再盲目选择某一种抗衰老产品，更多是从多角度去全面尝试，到底哪一种抗衰老的产品更加适合自己。

佰草集作为中国第一套完整意义的中草药个人护理品品牌，自成立以来，一直秉持"美自根源，养有方"的理念，全方位演绎中医文化"自然、平衡"的精粹，缔造发自根源的美。该理念也被越来越多的消费者所认可接受。延续这个理念，新逆时恒美寻找了古老汉方中最知名的抗衰老中草药进行提炼，让消费者通过汉方独有的内外兼修的方式更好地保养自己，从而达到抗衰老的最终目的。而与其他日韩产品的区别是，佰草集更加注重"方"的研究（综合多个中草药的方），而非某一味中草药。所以其产品更具综合调理和多功能效果。

为了让更多消费者接受佰草集的理念，此次新逆时恒美系列特地选择"锁住青春"这个让消费者一目了然的词语作为核心沟通点，在线上（视频前贴片、网站横幅广告 Banner、迷你小站 mini-site、社交媒体）及线下一齐发力推广。

2.0 洞察与战略 Insight and Strategy

社交媒体推广讲究让消费者更多地参与，从而让消费者成为品牌的自媒体以达到最终的传播效果。从这个层面上考虑，品牌面临的挑战是，如何让

"锁住青春"这个话题成为消费者热议的话题，并从中植入品牌的理念。为了解决这个问题，团队从两方面数据切入，寻找此次传播的洞察与整体传播策略：

1. 网络上目标人群的特点

25岁—35岁的女性，本身就是众社交平台最活跃的人群之一。作为典型的80后人群，品牌发现这类人群，具有很强的时代共性，一方面，这类人面临的压力非常大，作为女性，将面临工作、婚姻、家庭、孩子等多方面压力。而在面临重重压力时，他们经常会通过回忆过往的事情，去抒发自己对当下的感受，如"80后"的集体回忆等话题往往是消费者最热议的话题之一。另一方面，相对于"70后"，这些人也希望去寻找自我，"一场想谈就谈的恋爱和一场说走就走的旅行"是这些人的核心价值观，而移动手机时代上美丽的偶像屏保及朋友圈时不时地自拍，则是这个人群自我存在感的间接体现。

2. 将"锁住青春"这个话题进行传播

"锁住青春"这个词语更多的是一些品牌发布的广告语言。因此品牌将这个话题拆解，看看到底年轻的消费者（代表着青春）围绕这"锁"会有哪些自然而然的话题。

通过以上方式，他们找出了所有关于锁的青春话题，例如童年时候自己锁住的收藏盒、中学时锁住秘密的小日记本、手边的手机锁频以及出去旅游时锁住美好期望与回忆的拉杆箱等。再通过微博话题##的方式，让更多的消费者可以进入到此次传播里来。

从媒介渠道上，因为此次社交传播主要目的是扩大影响力，因此我们依然首选微博。其平台的媒体属性、事件易传播属性，抑或是KOL圈层效果方面是其他社交平台目前为止都无法比拟的。当然，微信是此次传播重要的辅助平台，而官方的迷你小站（mini-site）也有很好的移动版，让更多消费者可以随时随地玩起来。最后，通过时光照相馆的线下活动，将整个活动推向高潮。

3.0 实施 Implementation

社交媒体传播，相对其他渠道的传播，更加注重于执行上的灵活性。如果品牌一直在讲80后的回忆文化，会让消费者觉得品牌不够现代时尚，如果又一直讲深层次的情感沟通，会让消费者觉得难以进入话题。所以如何灵活地运用当下的热点去创造符合传播战略的创意，就成为品牌执行成否最关键的因素之一。在充分考虑品牌的需求及社交媒体的环境后，制定了以下的执行策略：

第一步：

在品牌官方社交渠道方面，如官方微博、官方微信，目的是配合品牌媒介投放，同步打响这次战役号角。创意方面，一方面结合品牌电视广告的内容区制定锁住青春的创意海报；另一方面，也根据品牌受众的情感特征去创作创意内容，两个海报定位都是符合品牌基调，把品牌基本的诉求点说清楚，而非靠无节操去吸引眼球。而推广方面，考虑到官方渠道影响力有限，还会配以一定的主题互动活动去进行推广，例如结合 TVC 的内容进行猜题式互动，让参与互动的人先了解电视广告的内容，而非简单的有奖转发。具体创意如下：

第二步：

通过话题创意去吸引更多消费者参与进来。传统的投放式营销，更多是以广撒网的告知去提升知晓度，靠极有吸引力的奖品去提升互动率。社交媒体上，也有这两种方式，有的靠一掷千金，找各个明星大号去推一个广告，也有送 iphone 之类的奖品去提高互动。但这两个并不会有效改善消费者对品牌的认知，更不用说消费者参与进来自己成为品牌的传播者。所以这里，就要根据社交网络最基本的内容特征——"有趣"进行创意创作。基本策略是，"以有趣推动有效、以时效推动实效"。

在创作创意过程中，有四个基本的思路：

图10 网上的创意爆点

1.收集目标受众及活动主题相关的过往的热门话题和文化，在此基础上进行二次创作。如车锁和wifi的创意都是网上经常会热炒的。好的创意爆点，从来不会怕老。

2.寻找当下同时在社交网络上推广的合作方，进行话题合作，实现共赢。最早宝马和可口可乐彼此祝福生日快乐，就在营销圈层掀起一个小小的旋风。而品牌在社交媒体上推广，当然也要寻找各方适合的合作伙伴，借力让自己的声量更加大。下面就是品牌和当时热门电影《亲爱的》的进行合作，创作创意海报并共同在社交网络上进行推广。除此之外，还跟网易云音乐这个平台一起推出锁住青春歌单，也起到不错的宣传效果。

3.要进入热门的圈层。社交网络上的人都是根据自己的兴趣聚集在一起，寻找那些非常活跃的圈层，为他们制作内容，他们就有可能成为你最佳的传播助手。如华晨宇推出新专辑的时候，去和华晨宇的粉丝团合作，推出战役主题的创意海报，从而进入到明星粉丝圈层。

4.至关重要的一点，结合热点。不管某某某滚出娱乐圈，还是某某要上头条，每天社交网络上都有很多热点，这些热点之所以成为热点是因为消费者自己主动地成为这些话题的参与者和贡献者。所以品牌也要结合合适的话题进行创意创作，从而扩大战役的影响力。如周星驰、向太的热点，及王菲、谢霆锋的热点，都是战役推广时人尽皆知的热点。当然在结合热点的时候，千万注意品牌的安全性，不要轻易参与一些争议的话题，像周星驰的热点，更多是结合热点去说一个话题，而非简单地站在星爷粉丝这边或者向太这边。

在话题推广后，为了延续话题的热度，一些接地气的互动要开始同步进行，所以也顺势推出了当下流行的晒锁屏活动，并在目标人群聚集的动漫圈层、萌宠圈层、情感圈层、娱乐圈层进行集中推广，受到众多消费者的青睐。

第三步：

在社交媒体推广话题和互动的时候，在官方网站及移动端，也同时推出了迷你小站互动，让消费者通过简单的互动去了解品牌的产品亮点及产品理念。消费者可以填写自己的小秘密，然后发给朋友，让朋友参与解锁，就有机会拿到品牌精心准备的青春大礼。而朋友解锁后，可以"偷窥"朋友的秘密，也可以继续创造自己的锁去参与到活动中来，是不是勾起你曾经想偷窥同桌日记的回忆了？

第四步：

在线下也根据"锁住青春"话题，举办时光照相馆的线下活动。在这个活动中，我们总共策划了三个场景，题材分别采自80后会有记忆点的20世纪80年代、90年代及21世纪的生活场景。只要消费者当场拍照留念，并分享到社交网络，就有机会拿到品牌的小礼品。而对于消费者来说，之前一直看别人在晒旧时光、不同时期的前后照，现在是直接可以自己来拍一张，这样的活动也得到众多网友的喜爱。当然，为了扩大影响力，在有限的预算情况下，这个活动还力邀沪上知名主持人晓君与雅静等KOL参与线下活动，这也为互动带来非常高的人气。

4.0 商业目标实现衡量 Performance Against Objectives

此次战役主要的目的是扩大品牌和产品的影响力，提升消费者对产品的认知。所以此次品牌主要拿社交上的阅读量及互动平台的互动数作为衡量指标。其中社交阅读量、声量，均大幅领先同期其他竞品的推广效果。

5.0 创新和经验学习 Innovation & Lessons Learned

此次传播，最核心的经验还是在品牌提出核心诉求后：如何将其与消费者进行自然而然的结合？

众所周知，随着社交媒体的兴趣，品牌不再是单方面地跟消费者进行沟通。在这种情况下，过去平面／电视广告等传统传播方式的效果变得越来越弱。而要与消费者进行平等的互动沟通，就要将自己的传播点与目标消费者的文化、关心的热点及行为习惯相结合，然后再通过接地气的创意方式，去让消费者轻易地参与进来。

"锁住青春"本身是一个很广告性的语言，但在创意执行的时候，却将其与所有当下的热点事件和目标人群的文化结合在一起，这个语言就成为消费者自己参与进来的核心主题，而非品牌单方面的一句口号标语。社交网络本来就是圈层化的，只有充分结合好各圈层的特征，才会产生有趣的互动，为品牌增值。

【在线延伸阅读】

耐克全球数字社区助力女性一起，微博话题＃只为更赞＃。

微信社群建设 * 运动零售 * 耐克

跑了就懂，Nike 在数字化下讲述跑步的故事

导 语 巴拉巴西在《链接》一书中曾说道："在复杂网络中，连接者是社会网络中极其重要的元素，而枢纽节点则颠覆平等网络空间"。一直以来，Nike 便有这样一个愿景，即打通 Nike 所属数字化平台，将 Nike+、Nike 官网、Nike 网上商城及 Nike 社交媒体账号等平台数据相连，使每一个数据节点链接起来产生良性闭环[①]，通过 One Click 实现大链接，并将影响作用于服务和营销中。我们将通过 Nike2013 年冬季"跑了就懂"战役来谈谈 Nike 对数字技术及平台数据的运用，如何通过微信服务号实现 O2O，如何通过跑团的设立与跑友进行互动，如何通过数据用不同的思路衡量 KPI。

一、Nike"跑了就懂"，大链接式的信息传递

冬天是一个跑步季，很多跑者在冬天完成最高峰的训练来超越自己，Nike 也一如既往地在每个冬季推出一轮围绕"跑步"为主题的战役活动。今年，Nike 喊出"跑了就懂"的口号，作为 Just Do It 主题的延续，"没有人在跑步之前知道跑步能给你带来什么，带来健康？带来开心？只有跑者清楚为什么

---

① 闭环：互联网的闭环就是引流—体验—反馈—再次引流的循环。对于企业来说形成良性循环更为重要。

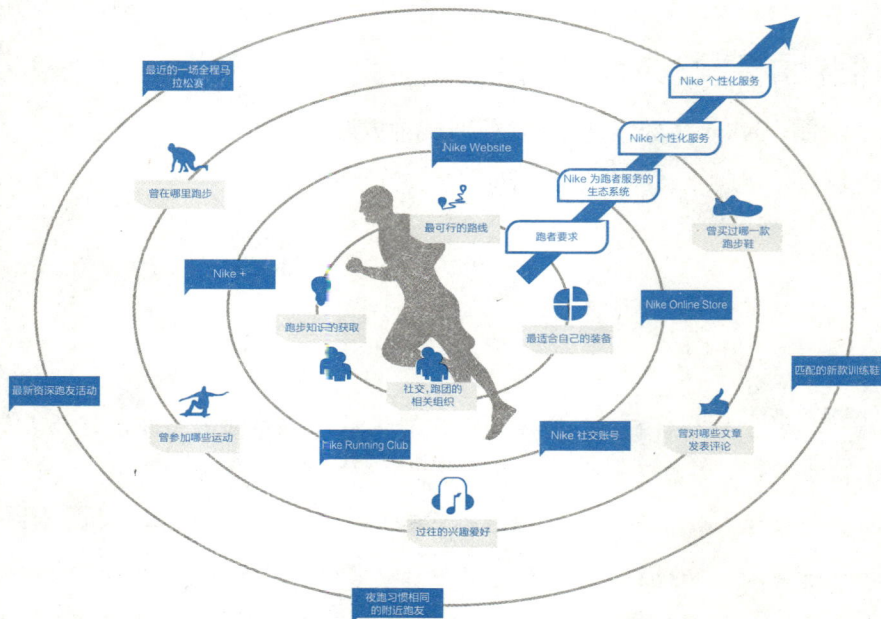

图 1　Nike 数字生态布局

跑，只要踏出第一步去跑，才能明白"，这是"跑了就懂"的初衷。Nike 的营销战役目标是如何讲好这个关于跑步的故事，而在数字营销的层面，需要考虑如何整合现有技术手段通过数字媒体平台配合讲好这个故事。适逢 2013 年冬季 Nike 全程赞助了上海国际马拉松赛，所以"跑了就懂"的故事同时要结合马拉松赛的信息一同传递给目标人群。为此，Nike 团队配合微博、微信平台，前期寻找 100 位草根跑者来讲述自己的跑步故事，选取五个有代表性的跑者故事重点推广，通过视频来吸引人群、触及非跑者的心灵，让目标人群来关注"跑了就懂"的故事，进而关注品牌。

与此同时 Nike 也将其他跑者故事通过草根 KOL 的形式发布在跑者日常关注的微博和论坛中，期间除了传达"跑了就懂"这样一个信息并无过多 Nike 的品牌露出。配合马拉松赛季，Nike 将"服务"作为核心，通过数字化手段

Nike 粉丝九宫格

图 2　Nike 社交媒体意见领袖规划

推出了一系列落地服务，如针对初次参加马拉松比赛跑步者的需求，在马拉松赛前倒计时，推出长微博和微信关键词查询，将所有参赛过程、比赛细节、跑步路线、比赛装备以及赛后恢复等进行详细介绍，同时微信平台推出选鞋功能，根据自己的情况推荐比赛装备，在线下则推出比赛当天的二维码路线指引，同时 Nike 买下沿途大型户外广告牌，将选手赛前写下的跑步原因投放其中。这样一来，Nike 通过视频网站结合微博微信平台对"跑了就懂"及赞助马拉松赛的信息对目标人群进行 360°传播，同时通过线上与线下结合的方式对用户行为进行"拖拉式"（Push-Pull）的带动，"跑了就懂"成为马拉松赛跑者团体中的精神共识。

二、Nike 跑团，让粉丝与粉丝互动

Nike 在 2013 年光棍节正式开始了微信服务号 Nike Running Club 的试运营，在"跑了就懂"及马拉松赛战役推广的过程中，Nike Running Club 也同时配合其中。服务号中有一系列功能帮助跑友进行赛前和日常的训练，如微信中"训练计划"功能邀请国际级别马拉松教练逐天逐条制订训练计划，根据初级跑者及资深跑者、10KM 半程马拉松和全程马拉松制订 4 周 8 周 12 周等不同训练计划。"跑步装备"功能则通过微信用户回答的几个测试问题推荐最适合的跑步鞋。由于 Nike 跑鞋产品非常细分，Nike 数字营销团队在测试该功能时耗时两个月，在三个问题四个选项有上百种组合答案的前提下，逐个请教 Nike 产品研发团队，使答案匹配最合适产品，确保微信功能推荐的准确程度。这一功能作为最受跑步者欢迎的功能，未来将与网上商城实现一键链接，将推荐用户的对应跑鞋直接链接到购买渠道实现销售转化。

"跑步路线"推荐功能则基于千万 Nike+ 用户在社交媒体平台的跑步路线分享，Nike 通过 Social Listening（社会化聆听）的方式，结合专业技术团队的数据挖掘，找出各个主要城市跑者最常推荐的经典路线，在这条路上能够躲避城市污染、车流人流，同时还能遇到同样每天坚持跑步的跑友。

"微信营销，在营而不在销。比起做内容，微信更多的是做服务，因此我们最初设想把 Nike Running Club 打造成为一个功能性微信服务号。"前 AKQA 策略总监、社交媒体主管 Ben Zheng 说。

在未来 Nike 团队会在微信上通过更多用户主动分享自己所在城市的路线来完善这一功能，将路线推荐进一步扩展至更多城市。"跑者集结"功能作为 Nike Running Club 服务号的一个核心功能，用户可以建立或加入自己的跑团，实现 O2O。该功能源于团队执行前对于跑友心态的洞察，作为一个跑者，在一个人跑步的同时需要和他人分享，特别是初级跑友，需要资深跑友的带领和鼓励，使跑步时享受的是一个人的感觉和宁静，但依然希望在跑步前后和跑友

进行一些分享甚至跑步后的结伴宵夜。

"跑者集结"功能可以通过分享位置建立自己的跑团，集结周边的跑友约定一起跑步。同时用户也可以选择加入已建立的跑团，在加入跑团前，通过分享自己的位置产生 5 个周边跑团供用户选择，每个跑团显示详细的跑团名称、与自己的距离、跑量及介绍晨跑、夜跑类型、跑步频次、训练目的等内容标签，用户可以根据自己的实际情况和需要加入跑团。该功能上线一个星期即有1000 多个跑团建立，跑团日常活跃跑者有 3000 多人。当然，这样的功能面临一个问题在于：用户建立跑团后会脱离 Nike Running Club 服务号在自己的圈子中去单独交流，Nike 如何能够进一步 Listen（聆听）这些跑友并和跑友互动、满足跑友需求呢？为此 Nike 团队专门成立社区团队，在每个跑团设立"Nike 跑团小助手""Nike 跑团观察员"，每天随机和部分跑团跑友进行互动和提供帮助。这样的跑团助手形式设立的想法源于传统消费者洞察的焦点小组访谈，Nike 跑团小助手和观察员的角色很像是焦点小组访谈的协调员，在互动讨论和聆听的过程中发现用户需求。

对于 Nike Running Club 这样一个服务号来讲，真正脱离了传统的"服务号"概念，招商银行、春秋航空等服务行业的微信官方账号更像是一个传统意义上的"呼叫客服中心（Call Center）"，粉丝与官方账号发生联系的动机侧重于满足咨询和寻求服务的需求，而这样一种偏重功能性的服务账号，粉丝间较少彼此建立联系。Nike 微信官方账号的建立，则采取"去呼叫服务中心"的思路，将喜爱 Nike 品牌、在社交媒体上异常活跃的粉丝聚集起来，让他们自己去建立不同的小圈子来产生链接，而 Nike 在日常链接中承担的是在这些粉丝产生的小圈子中间的组织者和协调者的角色，一旦这种黏性长期建立，粉丝圈子会持续贡献活跃度和忠诚度。Nike 团队在接下来也会把监测这些小群体的健康、活跃状态作为 KPI 评估的一个重要指标。

Edward Wang 认为，Nike Running Club 更像是一个观察员，让粉丝自己组成小圈子黏着在 Nike 周围，在适当时候贡献活跃度和忠诚度。

三、Nike Plus 九宫格，用数据说话

Nike 的数字营销团队曾将后台浩瀚的数据工程形象地比喻成"城市下水道工程"，看似平静的前台数据运用却集结着团队后台坚持不懈的努力和创新。在微博数据的挖掘和运用方面，Nike 将所有的微博粉丝分为九类人群，通过不同要素识别粉丝对于 Nike 的价值，进而在信息传达的过程中，进一步将低价值用户不断向高价值用户转化。对于 Nike 的关联度要素维度，会识别粉丝是否关注 Nike、是否关注了其他运动类品牌、有无互动、有无私信、有无上传 Nike+ 数据等指标；对于跑步运动的关联度要素维度，则识别粉丝有没有跑步、有没有关注跑步的 KOL，是不是有跑步类的活动等指标，从而将粉丝放入九个纬度中，即 Nike 的"九宫格"之中，通过每月一次的数据监测来观察粉丝在九个格子中的变动情况，看有多少粉丝向更好的粉丝价值（Higher Value Consumer）转化，而不再考察每个月单纯的粉丝增长。

对于 Nike+ 数据的运用，则被视为 Nike 数字营销团队最重视的一部分。由于用户会通过 Nike+ 进行大量的跑步路径分享，由此 Nike 团队试图通过跑者基于 Nike+ 的分享来判断跑者类型，如初级与资深跑者、喜欢晨跑抑或夜跑、跑步路线、活动区域等，针对不同的发现与用户产生适时互动，如为资深跑者推荐马拉松赛，对跑步频率降低的用户进行鼓励坚持，对分享频率高的用户进行奖励等，未来 Nike 推出的忠诚度计划（Loyalty Program）还会将用户的运动转化为点数来参与社区活动、换取 Nike 及其伙伴品牌产品作为奖励。

四、结语

运动品牌的商业模式大多停留在 20 世纪七八十年代靠经销商主导和推动

销售的模式上，因而在未来可预见的两三年内，运动品牌的营销也许更多的创新和闪光点依然会围绕在如何讲好一个故事的层面上进行，如何通过现有的技术手段去和消费者对话，让消费者觉得你是一个"可信赖"的伙伴，这也正是Nike 在未来进行的"忠诚度计划"的重要目标，让我们拭目以待。

内容营销 * 剃须 * 吉列

性感剃须——吉列内容营销引导电商销售转化

导语 我们常说的某些小品牌，比如淘宝中的某些自主品牌，社会化营销就做得特别好。小品牌内容营销做得接地气。跟电商打通，又没有传统零售渠道的历史遗留问题。然而 2013 年后，我们也发现很多传统意义上的大公司、大品牌也在数字 / 社交媒体营销的大环境下变得越来越灵活、大胆。

吉列就是一个很好的例子。吉列作为中国手动剃须市场的领导者，致力于让更多的中国男人关注和使用手动剃须。但是最大的挑战在于，大多数电动剃须刀的使用者并不会主动关注一个手动剃须品牌的广告。在性感剃须 I（Sexy Shave I）中，吉列摈弃电视时代传统代言人的形式，采用与调性符合的社交网络意见领袖苍井空作为传播的主要渠道，并将核心的洞察用接地气的方式传递出去，不失为魄力之举。正如吉列品牌市场总监雷雨婷说的："我们必须要找到一个切入点，通过某些男性消费者本身关注或感兴趣的事件引起他们对手动剃须的关注，再提供更多的品牌信息，最终促成购买。"

另一个颇为打动我们的是吉列与电子商务平台的结合，对接始于最初的洞察阶段。相信各位一定听过"啤酒与尿布"这个著名的消费者购物研究。吉列聪明地利用了电商平台关联消费的数据，作为自身洞察的补充和佐证，并且将推广跟线上销售融为一体（这一点在性感剃须 II 中更加明显），十分新颖。

2012 年吉列"性感剃须"营销打响了在中国市场的成功一战，苍井空手持手动剃须刀在微博上俏皮演示图片让吉列"湿剃"概念深入人心。2013 年

11月，吉列"性感剃须"第二波营销战役启动，代言人高圆圆一改往日清纯示人形象，对吉列品牌进行大尺度演绎带来显著的曝光量和电商销售转化，关注此事件的男性比例高达92%。如何在品牌活动中对消费者注意力进行深刻理解和洞察，整合数字媒体（包括社会化媒体）与电商，从而一气呵成地促成购买是当前很多品牌人思考的问题。下面将带大家来看看吉列品牌是如何从性感剃须 I 营销活动中获得启示，在第二波战役中抓住关键消费者洞察数据，采用整合电商及多渠道数字营销策略，将话题自然融入到电商平台并实现销售转化。

一、 如何吸引不关注品牌广告的受众

吉列作为中国手动剃须市场的领导者，一直以来致力于让中国更多的男人关注和使用手动剃须，但当前却面临一个重大的挑战：大多数电动剃须刀的使用者并不会主动关注一个手动剃须品牌的广告信息。相较于其他时尚品类而言，剃须刀无疑是一个低关注度的产品，如果品牌的传播仅仅局限于产品本身的功效，即便再炫的产品描述亦不能吸引目标消费人群注意。基于这样的挑战，吉列急需找到一个切入点，将消费者的吸引从产品诉求上升到情感诉求，通过男性消费者本身关注或感兴趣的事件引起他们对手动剃须的关注，再提供更多的品牌信息来促成购买。于是吉列想到将手动剃须植入到品牌安排好的"娱乐事件"当中，通过该事件中意见领袖的视角将"湿剃"打造成一种生活体验、生活方式，由此将品牌传播上升到一个更高的层面。

二、 数字时代最适合受众注意力的传播

吉列在之前的品牌沟通中选用的代言人通常有着比较统一的形象：男性、身体强健、积极阳光，从全球代言人贝克汉姆、费德勒到中国的林丹都是如

此。但是在社交媒体平台上"意见领袖"的选择思路却有些许不同，微博平台上的意见领袖不是品牌的代言人，但是却代表品牌传递某一信息。在吉列性感剃须 I 的话题设计中，如何找到一个在微博平台能够以四两拨千斤的方式来创造并传递"湿剃男人很性感"这样一个话题的 KOL 成为关键，在考虑过程中，这位意见领袖最好是一位女星，要性感，有一点小小的争议性和话题性，于是苍井空无疑成为最合适的人选。中国团队在说服吉列全球的过程中做了很大努力，因为毕竟这是吉列品牌在社会化媒体平台的首次尝试。事实证明，这样一个大胆的尝试收获了巨大成功，话题一经苍井空这样一位在微博上一呼百应的 KOL 发起，便得到了广泛传播，其口碑影响力大大超乎了之前的预想。

在 2014 年吉列性感剃须 II 的战役中，选择什么样的意见领袖再次被作为一个重要议题提出。有了苍井空在前，如何继续寻找一个为"性感"代言的女星变得更加难以抉择，也许从一直以性感形象示人的女星中找到一位意见领袖再提性感话题并不是最佳方式，于是吉列团队转换思路，选择了一直以清新形象示人的高圆圆，引起了不一样的话题效应，性感剃须广告视频发布两个月来，带来约总计 16 亿次曝光、覆盖用户两亿人次、媒体报道超过 3000 次。

吉列品牌代言人选择的背后正预示了社交媒体时代品牌传播的趋势：不必要将品牌形象与一个人捆绑起来，可以根据品牌当下的信息传递需要将代言人细分，将以往瀑布式倾泻而下的传播转变为多条溪流缓缓渗透消费者心理式的信息传递，且代表品牌发言的不一定局限于名人，在细分领域目标群体中具有强链接效应的意见领袖依然可以作为选择。

三、出乎意料的电商转化效果

其实对于吉列来讲，第一波战役通过制造话题获得京东商城的销售转化是个意外。在策略之初吉列的想法是：既然手动剃须刀被认为是麻烦的剃须方式的代名词，那么引出"在女人眼中湿剃的男人很性感"这样的话题在目标消费人群中传播并得到他们认知，以此来扭转吉列近几年表现平平的市场和品牌形象。基于话题传播的需要，第一波营销战役的执行主要集中在微博平台，将苍井空作为信息传递的意见领袖，以她的视角来引导"湿剃男人很性感"这样一个话题的讨论，期间吉列并没有刻意追求过多的产品露出，也没有更多的商业行为。给吉列团队带来很大启发的是话题引导过程中一次偶然的产品露出，带来电商平台销售数据出乎意料的好结果，于是团队决定在第二次"吉列性感剃须"战役中采取整合电商及各社会化媒体平台以及线下渠道的策略，在初始设计中便尝试让天猫等电商平台参与到话题中来并参与话题炒作，同时高圆圆与天猫用户互动从线上带入线下，再将如屈臣氏等线下渠道用户通过互动带到线上。此外，将吉列的话题传播与电商数据相结合，在"吉列性感剃须 II"的营销活动中更好实现话题到电商销售的自然转化。纪寅说："在 Sexy Shave I 后，在 II 中我们更加全面系统地跟天猫展开合作，既是内容洞察上的，也是销售上的。"

四、巧妙运用电商关联购买数据洞察

众所周知，"啤酒与尿布"的故事是成功运用数据进行消费者洞察并关联销售的典型案例，大型连锁超市通过对消费者购买数据分析发现，下班路上为自己购买啤酒的男士同时会在太太的要求下为孩子购买尿布，这个发现为商家带来大量利润。吉列性感剃须 II 在电商数据的运用上和该案例有着异曲同工之妙。

一直以来，天猫电商设想把自己打造成一个"类媒体平台"，使品牌在这样一个融合社会化口碑、话题、互动及销售转化为一体的大平台上"玩"出更多花样。这样一来品牌和电商之间需要找到一个融入切口，以此实现资源互惠和优势互补。对于品牌来说它们拥有诸多策略和想法，电商欢迎品牌鲜活的概念及执行能够充实这样一个平台；而对于电商来讲，具有平台优势并掌握数据资源，因而能够为品牌提供基于大数据资源的诸多附加服务。

　　吉列性感剃须 II 在策划过程中，便成功将品牌概念与天猫数据进行完美结合。在吉列提出"手动剃须的男人很性感"这样一个概念时，品牌想进一步洞察什么样的男性群体会经常使用手动剃须呢？于是天猫运用其线上销售数据进行挖掘和分析，得到这样一个发现：购买手动剃须刀的男人会同时购买更多的女性相关产品，由此很容易理解购买手动剃须刀的男人也许正在追求女生，或许已经有了女朋友或家庭，因而他们有着和女性更亲密的关系、更受女生欢迎。基于这样的洞察，电商适时为品牌发声，无缝嵌入到话题中，实现自然融入，而且第二波性感剃须营销战役恰逢双十一，由此带来了前所未有的高销售转化。

五、品牌电商转化未来趋势

　　从吉列"性感剃须 I"仅仅运用社会化媒体平台制造话题到"性感剃须 II"策略初始阶段便将电商融入整合策略中，代表了当前一种趋势，即品牌社会化媒体活动有越来越多的机会和销售做巧妙嫁接。在这一点上，有着社会化口碑基因的小品牌与有着社会化电商基因的淘品牌一直走在前列，而对于宝洁这样的国际快消巨头来说，对旗下品牌在运用社会化媒体传播上却一直采取保守和谨言慎行的态度，但是，数字时代大趋势不可避免，策略成功与否取决于对目标消费群体从品牌认知到贴买转化整个路径的了解深度，因此，越来越多的国际品牌开始加入到社会化媒体话题引导电商销售转化的行列，这是大势所趋。

　　对于品牌来讲，数字营销的投入取决于对目标消费群体从品牌认知到购买整个路径的了解，消费者的认知习惯和在不同平台上对品牌信息接收方式和程度决定了品牌在什么样的平台投放什么样的内容与消费者有着怎样的互动。2014 年吉列品牌将继续在数字营销方面进行投入，同时会在整个媒体投放上做出新的尝试和调整，移动和垂直无疑是未来重要的趋势。移动平台的发展取决于 iPad、Tablet、Mobile 等移动终端的技术发展以及支付宝等移动支付平台功能的不断强大，特别是将移动支付融入到营销策略之中，以及同时链接新客户沟通、CRM、售后等各个层面。作为快速消费品牌，垂直网站满足消费者对于特定信息的需求，对于这一平台的维护则更像是一个细水长流的过程，需要建立长效的意见领袖培养机制并跨品牌提供整合的形象对外统一发声。也许在当下消费者注意力在不同平台信息间快速游移的形势下，只有用润物细无声的方式去影响、深入、感化才能顺利实现销售转化、实现数字商业营销之道。

📱【在线延伸阅读】

杜蕾斯：Be a Social Brand 数字化营销带给品牌主的启示。

垂直社区营销 * 体育 * 虎扑体育

虎扑体育，实现体育营销 2.0

　　导语　2014 年可谓是体育大年。巴西世界杯就将鸣哨开球。相信在看球的同时，很多营销人也在摩拳擦掌，期待在这个全民关注的世界杯期间引发新一波品牌传播狂潮。借势传播自然是很多品牌喜闻乐见的方式。无论是大型体育赛事，还是小到韩寒的一条图文微博，在社交网络上的品牌都会挖空心思制造关联，引发更多热议。但是，经历了早些年的欧洲杯、娱乐八卦新闻等社交网络这么多不大不小的事件，细心的品牌主可能也会注意到，看似品牌搭了一个顺风车，可是却又好像被埋没在了信息流中，很难对我们的商业带来实质帮助。

　　而造势营销是我们从虎扑体育的访谈中发现的令人眼前一亮的平台创新点。与传统的垂直媒体售卖广告位不同，虎扑除了有优质的用户之外，对于线下赛事的策划与把控能力尤其出色。比如 2014 年虎扑全程负责策划了世界花式足球中国冠军赛。而红牛品牌作为赛事的主要赞助商与虎扑一同将这一赛事实现与推广。其实这样的案例在虎扑已经做过很多次，如 Air Jordan 虎扑扣篮大赛、运动品牌 361° 嘉年华等都在线上和线下与虎扑的用户进行了非常深层次的互动。虎扑通过自己的实践给了我们一个品牌如何与垂直社区合作的解决方案的启发。

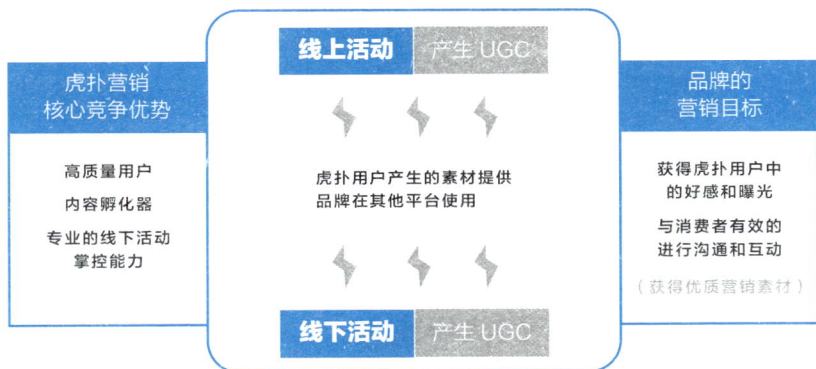

图 1　虎扑创造资源再营销，线上线下结合深度合作

一、虎扑看球，做用户看球时的"酒吧"

虎扑看球是公司 2014 年发布的一款体育媒体类 APP。虎扑并未选择将网站内容照搬到移动端，而是找到了一个切入口，用户在特定场次看球时可以利用 APP 与球迷进行互动。这与 Facebook 创始人马克·扎克伯格"将 Facebook 大块的桌面端内容搬到移动端基本没戏"的观点不谋而合。

当虎扑体育广告事业部总经理曹蕾告诉我们，虎扑看球要做"酒吧"，而非"电视机"。"酒吧"与"电视机"，看似风马牛不相及，却代表着两种截然不同的用户状态。

人们在酒吧里是动态的、流动的、随意的。酒吧里的顾客与顾客之间，顾客与周围 360°的环境之间，随时都有可能发生化学反应。这个时候，品牌与消费者间的联系就不只是电视机里那可以轻易跳过的 30 秒的广告片了。在考量如何与用户互动上，我们要先静下来想一想，人们在酒吧看球时都是什么状态？会产生怎样的具体行为？

曹蕾举例说，如果是手机类的广告主客户，虎扑会考虑是不是把聊天评论框设计成广告主手机屏幕的样子，因为用户在看球时，会有非常激烈的讨论。

而且虎扑移动端用户内容产出比例已经高过了桌面端。

二、创造资源再营销：线上线下结合的深度合作

用户，可以说是垂直社区最大的价值。我们所了解的优秀垂直社区都有两个共同的特点，工作人员都对所处的垂直领域抱有极大的热情，同时他们对于社区的用户行为和偏好都有深度的了解。就比如在采访过程中，正襟危坐说话平和的曹蕾，当他一聊到运动、跑鞋时，语速就不自觉地加快，激动之情溢于言表。

图 2　虎扑成为品牌和目标消费者之间的桥梁

在垂直社区的价值深挖过程中，品牌和目标消费者之间是有距离的，在了解他/她们时，需要桥梁。在过去，传统充当桥梁作用的是消费者研究机构，通过定性和定量的研究方法挖掘消费者洞察，帮助找到特定消费群体喜欢的沟通方式。而在今天，对垂直社区而言，在长期的观察和熏陶下，没有人比他们更了解自己的用户了。这使得类似虎扑这样的垂直社区在以什么样的内容和方式与用户沟通这个问题上，有绝对的话语权。

当我们从趋势来看，虎扑也的确愈发像品牌的整合大代理商。客户将营销

目标告诉虎扑，由虎扑包办创意、媒介、执行。包括找资源、出内容、策划比赛、线上线下结合；带着虎扑产出的 UGC 内容或活动，再由客户采购其他媒体，把声量放大。概括来说，就是以体育为主题，集合核心人群，产生有价值的 UGC 内容，再通过其他大众平台扩散。

不论是在移动端还是非移动端，曹蕾在互动方式上都挖空心思。跟舒肤佳的合作中，虎扑设计了论坛表情，结合 NBA 季后赛热点事件及热点人物制作的表情，更是实现了网友间品牌的自主传播，这系列定制的表情共被虎扑网友使用了超过 7000 万次。这些植入的背后，是基于对自己社区用户的了解和洞察——他们在赛事之下关注的话题点是什么，怎样的语言风格可以融入网站的内容等。

曹蕾将虎扑比作体育营销界的湖南卫视。作为一个电视台，湖南卫视有自己的媒体、明星经纪、制作团队；而虎扑也有一个个自己的明星产品、赛事包装。比如 AJ 虎扑扣篮大赛、红牛花式足球世界杯等。品牌可以用这些赛事作为全年的宣传主题。曹蕾说，"这才是我们认为的体育营销。光签一个运动员、赞助赛事、赞助球队，我认为那只能叫体育资源引进。"

2014 年世界杯前期，虎扑与红牛花式足球的合作便是曹蕾心目中体育营销的很好体现。虎扑全程负责策划世界花式足球中国冠军赛；在线上，虎扑为品牌建设了主题小站，在足球首页提供专栏报道，足球首页广告位支持，以及虎扑足球微博和意见领袖自媒体的推广。

然而我们认为，真正令虎扑区别于其他同类垂直社区的是其对线下活动的把控能力。这包括虎扑在高校目标人群间的号召力，对场地的经验，相关领域意见领袖的资源，现场球赛和时尚、潮流的结合等。在大家都谈 O2O 的年代，数字营销机构普遍缺乏线下活动组织能力，传统公关公司在数字营销的尝试又捉襟见肘，而虎扑却同时具备两端的能力，并将线上线下做了很好的整合。

"线下是很重要的，没有什么比让消费者亲身体验到你的产品更好的营销方式了。"曹蕾认为。

露得清：邂逅夏天，随时随地露得清

导语：

作为专业护肤品牌，露得清一直致力于女性健康肌肤的打造及维护，因为只有"健康好肤质"，才能"美丽露得清"。

夏季是防晒产品的兵家必争之地，Olay 在讲"1 招隔绝 10 大晒黑光线"，美加净喊出"别躲了，来晒吧"，而实际上，消费者更看重的只是是否真的有效能够帮助其防晒。在正式选择购买产品前，她们更多的会去查询产品口碑，特别是使用体验。如何让消费者在其真正需要防晒产品时，在她完整的用户体验旅程中，能切身感受并见证产品效果，是产生购买行为前至关重要的一步。因此让我们的产品对消费者产生有效影响，在与其他同类产品的宣传中脱颖而出，是此次战役的关键。

相比大部分易被阳光分解的防晒产品，露得清含 Helioplex® 广谱防晒科技，能带给消费者不被分解的防晒体验，真正做到长效防晒黑，阳光不留痕。在拥有这个强产品力作为保障后，如何找到合适的消费者接触渠道及平台，以他们更易于接受的方式，进一步"影响"并"转换"他们，是此次战役的核心。我们认为，以下三点是这个案例最值得借鉴的地方：

1. 与天气查询类应用的品牌合作

夏日消费者被唤起防晒需求具有很大的场合性，比如出行前查询天气时。所以在这个环节通过冠名 UV 指数等合作，不光可以提醒消费者注意防晒，更能在消费者心中建立起 UV 指数与品牌的强关联性。

2. 与旅行垂直类网站的深度内容合作，并充分把握其线下资源

防晒产品一直是夏日出游的必备物品，在消费者制定旅行计划前及真正准备出游时，用消费者此时最需要且高质量的内容跟其沟通防晒需

求，将得到意想不到的好效果。

3. 将零售终端体验更整合地纳入数字营销计划

数字营销和零售终端的消费者体验越来越密不可分，这次露得清也将屈臣氏的终端资源纳入整个营销战役。墨迹天气及品牌主页互动机制中，消费者都可领取优惠券在屈臣氏门店使用，同时在屈臣氏店内，设计了大量创新形式的穷游活动及海岛 Party 店头信息露出，消费者可以通过扫描二维码，参加同期线上活动，赢取防晒产品及海岛趴踢的入场券，以此完成 O2O 闭环。

营销战役档案

公司名：强生（Johnson & Johnson）

品牌：露得清

代理商：vitamine

行业：快消品 / 护肤

撰写：Nancy Zhang, Senior Social Media Executive, vitamine

Sam Wang, Account Director, vitamine

Jason Zhan, Founder, vitamine

框架设计及编辑：SOCIAL ONE

我们选择了消费者在夏天非常容易关注的两个行为成为整波传播的切入点：

1. 天气—UV 指数

UV 与防晒密切相关，随着天气指数的流行，越来越多的消费者习惯于通过天气查询工具了解当天天气情况、防晒指数，做好出门的准备。而这时，与热门的天气查询工具的深度合作，正是我们"友好"提醒消费者UV指数记得防晒的好时机。

2. 旅行—假期海岛游

海岛游永远是夏天不变的话题，也更是最考验防晒产品"功力"的消费场合。通过与旅游平台深度合作，让我们真正的消费者走出去感受阳光，体验露得清的长效防晒黑科技，最终将对比的"成果"照片分享给更多的网友，是真正体现产品力的表现。

最终，历时三个月的露浔清夏季营销战役共触及目标受众超过7000万人，微博曝光量达到近3000万，超过20万的消费者在露得清定制行程专题页面、穷游网和马蜂窝等专题页面进行了深度定制和互动，共有近15万消费者领取了屈臣氏优惠券，完成了从线上到线下的O2O引流。

1.0 Campaign Background 市场背景以及商业目标

每年夏季，市场中各式防晒产品琳琅满目，对于护肤品牌来讲，这是一个兵家必争的时节。而使得露得清轻透防晒系列最终脱颖而出的特点，便是拥有全新的专利防晒科技Helioplex®，通过有效稳定UVA和UVB吸收剂来达到超强的防晒功效，令其在阳光下保持长时间的稳定，从而提供更全面的防晒功效。

而如何令消费者切身实际体验到产品功能，见证产品效果是最有可能刺激他们产生购买行为的关键点。因此，本次传播的目标是：

1. 强化消费者对UV指数的认知，帮助消费者建立起"UV指数 VS 露得清防晒"这样的强关联性。

2. 将露得清防晒打造成夏日出游必备利器（拥有专利Helioplex® 广谱防晒科技的保障），鼓励消费者带上露得清，走出去享受夏天。

表1

媒介类型	具体媒体	广告产品	属性
天气查询类	墨迹天气	冠名、内容	付费媒体

媒介类型	具体媒体	广告产品	属性
旅行垂直网站	穷游网、马蜂窝	内容、专题	赢得媒体＆付费媒体
女性垂直网站	五大女性垂直网站	内容、专题	付费媒体

2.0 Insight and Strategy 洞察与战略

夏天女孩们都在不断地走出去与阳光发生亲密关系，不管是平时上班通勤，周末与朋友外出逛街，还是假期去海岛享受闲暇时光。与此同时，女孩们都想尽力避免阳光带来的烦恼，比如被晒黑、晒伤以及肌肤上留下难看的印记，所以通常她们会在出门前查询天气指数，做更好的准备。

而拥有 Helioplex® 抗晒科技的露得清，长效防晒黑的特性可以让女孩走出去尽情拥抱阳光。所以露得清做的是，在那些特定容易联想起防晒的场合出现，在最具有防晒需求的场合下提醒消费者带上防晒产品，邂逅夏天。

从产品层面来讲：我们鼓励女孩子们在夏季走出去，带着露得清，尽情享受阳光。从传播层面来讲：我们涵盖了整个消费者旅程，从最初有出行打算、做出行准备到最终进行购买并出行。

1. 找到有出行需求的她

不管是日常出行，还是假期出游，女孩在夏天总有需要走出去亲密接触阳光的时刻，所以我们在消费者最有可能使用防晒产品的场合找到她们，也直接明了地为其提供真正有需求的信息。

夏季出门前，当女生打开手机中的应用查询天气状况时，能看到露得清防晒指数的提示，小墨妹会手持露得清防晒喷雾提醒大家"今天紫外线较强，记得防晒哦"，当消费者点击露得清冠名的紫外线指数后，更能看到三日内的紫外线温馨提示，点击墨迹天气中的 banner，还可直接领取优惠券在屈臣氏使用。当她们已经准备出行，购买机票或浏览海岛攻略时，露得清会温馨提示勿忘记带上防晒产品，而同时只需参加互动活动，即有机会得到防晒神器。

2. 与她一同出游，邂逅夏天

在上述消费者出行准备的必经之路上，我们都对症下药，用不同的方式去影响消费者与品牌发生不一样的沟通和互动。而当消费者所有的准备工作都已做好，她们期待的，一定是一场真正的旅行。

于是露得清携手穷游和屈臣氏，共同举办苏梅海岛趴，除了在线上召集，当线下消费者走进屈臣氏门店时，也能看到露得清的提示，告知正有海岛趴入场券及其余线上活动等着她们。

让消费者在享受海岛灿烂阳光的同时，也让她们体验和见证了露得清防晒的显著功效。同时她们的体验和分享，是我们认为最有力的推荐及口碑。

3.0 Implementation 实施

在营销沟通层面，请指出战略是如何转化为创意作品的，请指出所对应上传材料。解释创意是如何信递战略思考的。

如果此营销战役不涉及传统创意执行，请描述战略是如何通过其他方式被落地实施以及为什么。比如新品上市，请指出影响战略实施的因素，比如分销以及品牌都是如何处理这些问题的。

根据我们的洞察得出，夏季女孩们都有出行的需求，不管是日常出门还是海岛旅游，因此我们希望在尽可能多的出行、旅行相关平台上，建立起露得清防晒的专业形象，为消费者灌输长效防晒黑这个概念，使得她们在出行做准备时，都记得带上露得清防晒。

1. 墨迹天气

首先，我们选择与墨迹天气合作，作为国内天气类别中处于绝对领导地位的墨迹天气，每天有超过一亿的浏览量，消费者在出门前都习惯在墨迹上查询天气状况来做更好的准备。对紫外线指数一栏以"露得清"冠名后，将会在消费者心中快速建立起"UV 指数 VS 露得清防晒"这样的强关联性，希望消费者今后一想到 UV 指数，就能同样联想起使用露得清防晒来保护自己。

并且在墨迹应用中，文字链接与内置广告条可直接跳转至露得清天猫旗舰店及屈臣氏优惠券领取页面，从而一步实现 O2O 转换。在屈臣氏店头，同样有墨迹设计风格的实时天气及 UV 指数提示板，强化线下店头消费者对"UV 指数 VS 露得清防晒"的认知度。

2. 穷游网

此外，本次夏季营销战役的最大亮点，是与旅行类垂直网站穷游网从线上到线下全方位深度内容合作。露得清与穷游联手推出了"邂逅夏天，海岛的悠长假期"专题活动，用户可以进此专题查看夏季最热门海岛游攻略、防

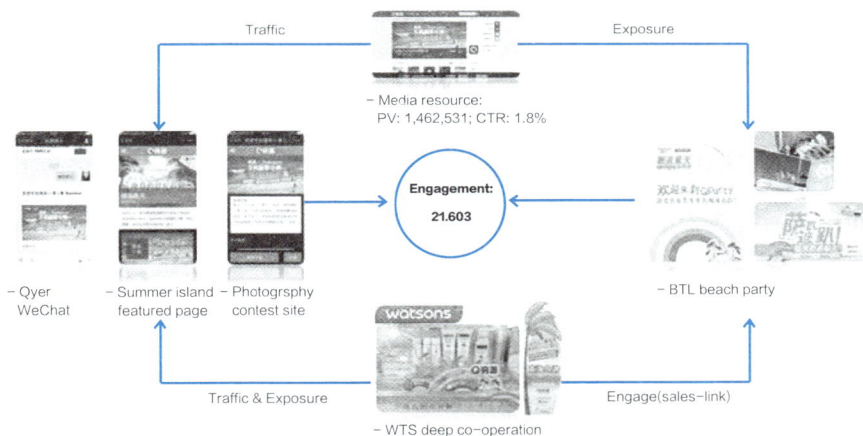

图3 "露得清夏日战役"运营机制

晒攻略等内容，并被强化"夏日海岛游，带上露得清同行"这一信息。同时，微信平台上发起了上传海边美照、无痕照片、分享旅游心情的活动，参与用户有机会赢取海岛防晒神器——露得清防晒。

3. 屈臣氏跨界合作

这个夏天，露得清与屈臣氏进行了深度的合作。在墨迹天气及品牌主页互动机制中，消费者都可领取优惠券在屈臣氏门店使用，同时在屈臣氏店

内，品牌设计了大量创新形式的穷游活动及海岛 Party 店头信息露出，消费者可以通过扫描二维码，参加同期线上活动，赢取防晒产品及海岛趴的入场券，以此完成 O2O 闭环。

4. 线下海岛趴

当消费者已经做好出行前的准备，也得到了为其量身定制的私人旅行攻略，接下来她们需要的，便是一场真正狂欢的海岛 Party。露得清也乐意为其提供这样一个邂逅夏天的绝好机会。

露得清携手穷游和屈臣氏，举办了苏梅海岛趴，让消费者在享受海岛灿烂阳光的同时，也体验和见证露得清防晒的显著功效。同时她们的体验和分享，对露得清来说，就是最有力的推荐及口碑。

5. 露得清品牌活动主页

此外，我们还为消费者定制了"夏日私人攻略"之旅品牌活动，消费者勾选自己喜欢的个性标签，便可得到根据其喜好、性格而制定出的最适合她的夏日出行目的地攻略。而所有目的地城市攻略，均来自穷游网内容合作，用户通过点击"查看更多"，即可跳转至穷游网内继续浏览更多详尽攻略。通过这一互动合作机制，消费者得到了为其量身打造的私人旅行攻略，这些目的地与她们自身喜好匹配程度相当高，便大大增加了她们带上露得清出游的概率。

4.0 Performance Against Objectives 商业目标实现衡量

● TELL（告知）

本次营销战役核心传播信息覆盖了女性垂直网站、旅游类垂直网站、天气查询类应用、微博、微信五大平台，共影响受众目标超过 7000 万人。在微博平台上，曝光量达到近 3000 万。

● ENGAGEMENT（互动）

截至 2014 年 7 月，整波营销战役共约 20 万人与我们产生互动，其中超过 16 万人在线定制了"夏日私人攻略"。此外，而在作为辅助角色出现的微博平台上，也有超过 1 万条转发和评论。

● SALES DRIVEN（销售）

近 15 万消费者通过线上互动（墨迹／定制私人攻略主页）领取了屈臣氏优惠券。截至 2014 年 5 月，露得清防晒产品在夏天的销售量与去年同比增长了 82%。

案例研究（Case Study）

周大福：啪啪"为爱发声"周大福新兴移动社交战略合作创新

导语：

此案例利用啪啪这一受到众多明星与年轻群体喜爱的新兴网络平台作为传播主阵地，结合目标消费者敢于表达、主动示爱的特质，策划"为爱发声"活动，鼓励年轻人主动示爱，并在这一主题下以各种手段植入和结合产品信息，从而实现扩大品牌知名度，增强受众人群对逸彩产品的关注度的目标。活动驱动实际销售比企业原定计划增加 75%。以下两点是这个案例最值得借鉴的地方：

1. 对新兴 SNS 平台的启用，以及对其商业模式开发的思考和实践（将其当作合作伙伴，而不是纯粹的供应商或媒体）；

2. 对客户产品调性和目标人群兴趣的把握——逸彩系列是周大福的彩钻产品，一件产品大约在 1000—5000 元，设计也比较适合日常佩戴，因此目标人群是白领。这部分受众比较容易接受新鲜事物，喜欢表达情感，追求时尚潮流，对感兴趣的事物会呼朋唤友地参与，对产品的宣传和推广都有很大帮助。

营销战役档案

公司：周大福

品牌：周大福

代理商：宣亚国际传播集团

行业：珠宝

撰写：Cindy Wan, Senior Account Manager, Shunya Digital Powerhouse

框架设计及编辑：SCCIAL ONE

1.0 市场背景以及商业目标 Campaign Background

营销挑战：

1. 诉求年轻化的新产品线与公司品牌形象差异：周大福一直被认为是较成熟和稳重的品牌，而逸彩系列主要面向年轻消费者。两者在形象上存在的差异，使其必须解决如何贴近年轻消费族群的问题。

2. 社会化媒体平台的社交属性与产品销售目标的矛盾：如何选择、借助深受年轻人喜爱的社会化媒体平台进行推广，但同时又需要淡化产品推销的意图。如何通过用户参与和再传播形式导入产品特性，避免为活动而活动、忽略销售结果的问题。

3. 在社会化媒体热点话题寿命较短的现实情况下保持传播热度。

由于推广活动横跨两个时间点（2月14日情人节，以及3月14日白色情人节），如何递进式呈现活动主题，维持品牌和产品特性，并持续驱动目标人群参与，就成为执行过程中的一大难题。

营销目标：

●品牌年轻化：通过推广逸彩系列产品，维系年轻时尚消费者与周大福品牌的情感联系，增加品牌与年轻消费者群体的互动，提升其对周大福品牌的认知度；

● 提升产品好感度：扩大年轻群体对"逸彩"系列的好感度，富有创意的线上互动，与线下的打折促销，增强产品好感度与购买周大福品牌的兴趣；

● 强化产品购买意愿：以线上吸引关注并展示产品，线下促销相结合，强化消费者购买该产品的意愿，促进该系列产品的销售。

2.0 洞察与战略 Insight and Strategy

核心创意：

该案例利用啪啪这一受到众多明星与年轻群体喜爱的新兴网络平台作为传播主阵地，结合目标消费者敢于表达、主动示爱的特质，策划"为爱发声"活动，鼓励年轻人主动示爱，并在这一主题下以各种手段植入和结合产品信息，从而实现扩大品牌知名度，增强受众人群对逸彩产品的关注度的目标。

消费者洞察：

通过宣亚调研中心对年轻消费者的长期调研，分析认为为实现上述目的，此次营销活动须在形式及内容上满足年轻群体的如下特质：

1. 喜欢尝鲜：利用新形态的传播载体或是平台，增强年轻群体的参与意愿和使用体验；

2. 敢于表达：让"大胆示爱"成为活动主题，鼓励"爱就是要说出来"，要与情人分享，要展示给朋友；

3. 主动示爱：产品推广时利用西洋情人节和白色情人节两个节日，与情人之间相互示爱的举动；

4. 跟随时尚：让周大福产品融入时尚、甜蜜的氛围，借相关的有代表性名人之力，形成泛化影响力；

5. 排斥广告：随着数字营销手段的成熟，数字化推广形式的普及，年轻消费者群体越来越排斥单向的、广告式、促销式的营销推广形式，而对自发创造的内容和话题，以及能够形成互动的形式更感兴趣。

媒体战略：

此案例将当时最为流行的 APP 啪啪作为主要传播根据地，结合目标消费者敢于表达、主动示爱的特质，策划"为爱发声"活动，鼓励年轻人主动示爱。首先建立周大福的啪啪账号，活动前期发布品牌信息、逸彩产品信息以及二维码优惠信息，吸引用户关注。

在"为爱发声"活动上线后，啪啪利用了站内 Banner、#爱的发声#默认标签等资源不断对活动进行推广。周大福的啪啪官方账号和新浪微博官方账号也不断对活动进程进行直播。以微博作为声量扩散和话题传播的重要平台。利用周大福官方微博 23 万粉丝联动，建设新浪微博应用，将互动游戏与品牌活动结合，同时把逸彩产品融入其中，用互动游戏与丰厚奖品吸引粉丝参与活动，扩大逸彩系列产品的知名度。利用微博上众多意见领袖与官方微博账号对活动进行推广，增加活动关注度。通过 APP 下载 store 中的广告位展示，将啪啪及"为爱发声"主题活动绑定推广。

3.0 实施 Implementation

第一阶段：预热期（爱尚·纪念）。

利用啪啪人气明星在啪啪上首先发布"为爱发声"话题内容，鼓励年轻人主动示爱，并通过官方微博进行互动，双平台持续互动，迅速聚拢人气；

2013 年 2 月 1 日，#为爱发声#活动在啪啪中上线。利用啪啪首页Banner 呈现活动主题信息——"爱尚·纪念"，推荐给啪啪所有用户。点击Banner 通道进入，呈现 #为爱发声#标签页面，发布动态自动插入标签。#为爱发声#标签页自此阶段也以全天置顶内容的方式进行活动推广和展示。联合啪啪上粉丝 7 万多的人气明星马启光，在 2 月 1 日发布幽默风格啪啪动态，露出周大福品牌信息，加以 #为爱发声#标签，为此次活动进行推广，同时宣传周大福品牌。

第二阶段：引爆期（爱尚·情话）。

周大福官方微博号召粉丝在啪啪参加"为爱发声"活动，并与啪啪官方微博互动，将双方粉丝引入啪啪参加活动。同时，啪啪首页展示活动主题信息，并通过周大福啪啪官方账号发布主题内容，进一步带动网友互动。在此过程中，继续利用多平台 KOL 进行互动，利用明星人气传播活动并植入产品信息，形成广泛的信息告知。

2 月 14 日，周大福发布情人节主题啪啪，"能牵手的时候就不分手，能大声说爱的时候就不沉默"，鼓励网友大声表白，为爱发声。联合人气明星杜海涛、李行亮、唐洁、性感玉米等明星和网络红人，在 2 月 14 日情人节当天发布啪啪动态，内容中周大福品牌露出。

第三阶段：意见领袖为"小幸感"生活方式证言。

周大福官方微博筛选感人的啪啪动态进行多次微博转发以维护活动热度，同时邀请网络红人维尼夫妇在啪啪上纪录每日甜蜜瞬间。在两人 1000 天纪念日时，周大福借祝福维尼夫妇再进行"为爱发声"活动传播。同时评选前期啪啪用户发布的"为爱发声"内容，在发奖的同时以视频形式集中发布，保持活动的热度。

第四阶段：再引爆阶段（爱尚·絮语）。

配合 3 月 14 日白色情人节，周大福发布白色情人节主题啪啪，"有你的日子，每一天都是情人节，我愿意牵起你的手，给你温柔"，鼓励网友对 ta 表白，说出自己的爱情絮语。在啪啪首页进行广告推广的同时，在周大福官方账号发布白色情人节啪啪内容，鼓励网友对爱人表白。联合电台知名主持人喻舟，在 3 月 14 日白色情人节进行啪啪发布，通过手绘展示女性佩戴首饰的欢喜，加入 # 为爱发声 # 标签。

4.0 商业目标实现衡量 Performance Against Objectives

活动驱动实际销售比企业原定计划增加 75% 媒体形式推广，直接提升周大福产品介绍官网的页面流量：

1. 2013 年 1 月当月，周大福逸彩系列产品官网——觅逸爱之物语单月 PV 值为 17、UV 值为 15、IP 数量为 15；

2. 2013 年 2 月当月，活动带动该网站单月 PV 值飙升至 92210，UV 值近 9 万，IP 数量超过 8 万；

3. 2013 年 3 月当月，活动带动该网站单月 PV 值继续飙升至 142853，UV 值超过 10 万，IP 数量超过 10 万，此次活动带来极高的媒体价值；

4. 信息到达超过 6400 万人次；

5. 互动总量超过 73 万人次；

6. 逸彩系列促销二维码下载量超过 37 万次；

7. 预估媒介总价值达到 559 万元；

8. 项目投入产出比达到 917%。# 为爱发声 # 标签下，新浪微博搜索结果为 15502 条；

9. 周大福新浪官方微博粉丝数由 23 万增长至 24 万，周大福啪啪官方账号粉丝由 0 增长至 3975 人；

10. 总播放次数达 88101 次。

案例研究（Case Study）

如家："心有家，行天下"如家酒店集团品牌升级战役

导语：

社会化营销内容打造品牌

在互联网技术飞速发展的今天，我们眼前的营销行业仿佛像玩嗨了的魔术师，充斥着一堆新概念、新名词，变戏法的速度越来越快。社会化媒体造就了一批博取眼球的互联网品牌，但快餐式营销其实透支的是消费者的眼球，一旦新鲜感过去就会对产品失去忠诚度，现在的黄太

吉煎饼、雕爷牛腩、小米光环已经渐渐褪去。完全不顾及长远战略，而迷恋于短期的战术，终将会把企业拖入尴尬地带。如家这次品牌战役的成功在于开创了"社会化整合营销传播"Social Integrated Marketing Communications（SIMC）的先河，以人性和消费洞察为基础，整合多种社会化媒体技术和手段，在互联网时代下打造"传世"品牌，而非"一世"品牌。互联网颠覆的只是传播的形式和手段，而品牌内容营销的实质是延续品牌的调性，制造直指人心的创意内容，然后通过互联网更加创新和互动的手段进行传播，不断累计品牌资产。

社会化传播，不止于微博和微信

与此同时，如家对新兴媒体技术迅速灵活的应用也是这次战役出彩的地方。如家深刻认识到微博微信传播各自的优势和局限性，不仅仅把传播范围停留在这两个平台，还积极把传播触角再延伸到全网，尤其是对蚂蜂窝与唱吧这两个以兴趣为导向的垂直社区平台的投入，与战役中两个主题很好地契合，其效果是在大众社交平台运营所不能达到的。

营销战役档案

公司：如家酒店集团

品牌：如家

代理商：The One Communications Group 觉拍传播

行业：连锁酒店

撰写：Jeffrey Yuan, Managing Director, The One Communication Group Inc

框架设计及编辑：SOCIAL ONE

2014 年是连锁酒店行业步入战略调整之年，从比拼开店数量开始着重向内部营运和品牌管理方向精耕细作。2014 年 4 月，如家酒店集团宣布全面启用新标志，旗下子品牌标志也同步变更。伴随新品牌的发布，如家发动了"心有家，行天下"全新的母品牌传播战役，以在娱乐、旅行、创业和公益领域四位不同的意见领袖的真实故事为脚本，真人实感拍摄了系列微电影，通过社会化媒体和垂直社区不同的细分人群传达如家如何帮助自己实现行天下的梦想。

此次微电影总共在视频网站点击播放次数达到 135 万，总共参与转发评论和话题讨论的数目在三万。延续线上品牌传播主题，如家同时也通过线上线下的微活动邀请有雄心和梦想的年轻人参与互动，帮助他们实现自己的"行天下"的梦想。

1.0 市场背景以及商业目标 Campaign Background

如家酒店集团从最初的如家快捷连锁酒店单一品牌起家，历经纳斯达克上市和多起大型并购，通过十多年的快速发展现已成为涵盖经济型到中高端商务型遍布 300 个城市总共 2300 家酒店的国内第一大酒店集团，旗下子品牌有如家酒店、莫泰酒店、和颐酒店和刚收购的云上四季酒店，未来目标是挤入全球三大酒店集团之列。

2014 年连锁酒店行业竞争加剧，如家竞争对手汉庭、七天层出不穷的新营销动作使得如家老大地位面临很大挑战。如家也意识到自己品牌面临老化过时，品牌形象模糊、忠实客户流失等诸多问题，同时这也坚定了如家从之前比拼开店数量到着重内部营运和品牌管理的战略调整，以继续保持其行业领导地位。

2014 年 4 月如家酒店集团宣布全面启用全新的集团标志，旗下三大子品牌标志也同步变更，如家开始迈出其"一个如家"品牌化战略的重要一步，着重如家集团品牌形象打造，同时带动旗下各个子品牌的知名度。作为"一个如家"战略的重要一环，如家开始梳理和整合原来各自为战的营销代理商，交由一家独立的整合营销代理商全面负责从品牌沟通策略到公关、活动、社会化媒体、数字互动的执行，从而保证了品牌信息在各传播渠道的一致性和落地执行效果。

在此背景下，营销团队把这次战役的目标设定为：

1. 迅速提升如家品牌新标识的曝光度。

2. 传播品牌核心价值，突出如家的"大"和"强"带给顾客的信心和安心，从而激发起目标受众行走天下的雄心和行走的自信。

3. 驱动新的消费需求，增加官网流量、微信微博的粉丝人数和 APP 的下载装机量。

2.0 洞察与战略 Insight and Strategy

如家目前的消费者分为自助旅游和商务出行两种，其中商务人士出行占比例较多，职业或身份比较集中的是公司产品销售、创业家、巡演的艺人和旅游背包客。如家在做消费者调研的时候发现，这部分被称为"在路上"的人群几乎每年有接近三个月的时间奔波在全国各地，为生活和理想打拼，住宿的酒店成为他们"在路上"的家。在经济型酒店的选择上注重品牌和服务，因为这两点从情感上能带给这部分人群安全和依靠感，所以如家以此为消费者洞察发展品牌传播战略。

1. 明心，回到初心

在面对互联网的营销变革和层出不穷的新媒体营销工具，如家的营销策略一度迷失，看不清营销的发力点，传播信息分散，资源不能合力。所以，在不断尝试各种营销战术之后如家也越来越意识到营销需要回归原点，从审视自己的产品和服务开始，聚焦打造品牌的核心价值，然后通过创意方式表现出来。

如家从开创经济型连锁酒店这个品类开始，经过十多年的发展成为拥有

2300 家门店的第一大连锁酒店集团，摸索出自己独有的一套"微笑力"服务管理理念，前期的消费者调研也正验证了如家的这一分析，如家在消费者的住宿和服务体验上下的工夫远高于其竞争对手。如何让受众感受到如家员工的"用心"，成为了本次营销战役的创意原点。

2. 贩卖梦想，营销的最高境界

此次传播的另一挑战在于既要"同一如家"策略下以集团品牌传播为主导，又要突出各个子品牌之间的差异化。如家在前期做了大量关于产品和品牌的调研以后，把如家的关键性消费者定义为一群"在路上的人"，他们是出差打拼的公司销售或初期的创业者，是追求艺术梦想的歌手艺人，是热爱旅游的旅游达人，或是行走在公益路上的青年志愿者，他们的职业和身份都决定了他们一直奔波在路上，需要一个舒适安心的旅店给他们休整和充电，这就是路上的"家"的定义。而以如家为代表的经济型酒店恰好满足了这个需求，成为他们一路上安心的家，而通过不同类别人群的传播则能比较恰当带出各个子品牌的差异定位。

3. 讲一个故事，讲到极致动人

"我希望有人感同身受，可以指导我的生活，但不希望有人对我的生活指指点点"。这是最近马佳佳在演讲中对"80 后"、"90 后"消费逻辑的深刻剖析。如家的消费群体也是年龄在 18—30 岁之间的"80 后"、"90 后"的年轻人，他们不喜欢被品牌说教什么是好的产品、什么是应该过的生活，他们需要被打动和感染，才会真正接受并爱上一个品牌。

在社会化媒体的传播路径中，品牌内容作为核心的最重要的作用就是讲品牌的故事，并引发话题和二次传播。如家没有按照传统营销的方式去刻画一个所谓的目标消费者，而是用真实的如家客户，通过展现自己的梦想，还原他们四处奔波打拼的真实故事，演绎如家给到消费者的信心和温暖，以及如家人的用心服务来支撑顾客一路上追求心愿和梦想。用如家的"真"来打动消费者，为了让消费者产生强烈的情感认同。

3.0 实施 Implementation

"心有家，行天下"是如家此次品牌战役提出的广告口号和主题，以此主题拍摄的四部微电影则是品牌战役的核心，主旨在于通过四位来自不同领域的真实的代表人物，以及他们各自在追寻梦想的旅途中的坚持，最后突出"家"在这个过程中对于他们的作用，并上升到如家品牌战役的内核概念——心有家，行天下。

针对四部微电影以及不同的目标消费群，如家配套推出了相应的线上线下整合推广活动，使如家品牌理念得到传播的同时，目标用户可以通过参与不同的互动活动，扩大品牌影响力，并提升用户的忠诚度。

● 第一步：微电影之一——艾菲《守护梦想》篇

《守护梦想》篇展现了中国梦之声歌手艾菲在追逐自己音乐梦想的旅途中，面对被嘲笑为"酒吧女王"，被不断拒绝的各种挫折中，始终不放弃，坚持自己的梦想，终于取得成功的旅程。而在这个过程中，"家"给予她无限力量，在苦苦挣扎的圆梦路上，"家"是最大的依靠和坚持的动力。在微电影与现实中，如家酒店集团一直支持无数像艾菲一样执着于追求音乐梦想的参赛选手，确实是他们追梦旅途中的"家"。

配套活动："如家梦想团"

线上：与手机APP"唱吧"合作，推出"艾菲《守护梦想》翻唱大赛"，大赛中胜出的前十位选手将有机会获得不同价值的产品，并获得如家酒店集团的全程赞助，至上海参加"如家梦想团"落地活动。"唱吧"作为歌唱达人的人气平台，拥有大量的活跃用户，如家与"唱吧"的合作，快速而有效地发掘了潜在的目标用户，并将品牌理念巧妙地结合活动传递出来。

线下：十位选手最终来到上海如家酒店集团总部，参加了"如家梦想团"活动，得到艾菲，以及中国梦之声专业声乐老师乌拉老师的亲自赛前辅导。十位选手还与艾菲一起至录音棚录制了《守护梦想》的EP，并在5月22日的如家品牌大会"品牌最强音"上，与艾菲一同登台，为来自全国各地的媒体，如家合作伙伴等 300 多位来宾献唱了《守护梦想》。

这十位选手在"唱吧"活动都拥有超过十万的粉丝数，他们在自己的唱吧账户、微博以及微信上，同步更新了活动进度，使这次活动得到了高度有效的二次传播，并且迅速在音乐梦想的人群中，建立了良好的品牌形象。

● 第二步：微电影之二——猫力篇《壮游无界》

年轻的旅行族群一直是如家酒店集团，特别是旗下子品牌莫泰的核心客群。《壮游无界》所起用的主人公猫力，是一位典型的"90 后"旅游达人，她不仅拥有壮游的理想，也拥有说走就走的行动力，成为一位实实在在的无国界旅游达人。她的旅行故事鼓励了一大群年轻人，并使她拥有了一批忠实的粉丝。与艾菲一样，"粉丝效应"同时为我们的微电影传播打下了良好的基础。

配套活动："如家壮游团"

线上：通过自行开发的微信 minisite 活动网站以及新浪官方微博活动页面，向用户推出六条如家壮游路线，用户可以邀请至少一位好友，并挑选其中一条自己向往的壮游路线，组成壮游团，发表专属的壮游宣言并在微博和微信朋友圈转发；被选择最多的壮游路线为最终的"如家壮游路线"，同时该路线获得朋友点赞数量最多的前三位壮游团，将获得如家 3000 元壮游基金，以及旅途中全程的酒店赞助。该线上活动，与猫力《壮游无界》的实操延续。

线下：最终西藏路线成为"如家壮游路线"，如家酒店集团将在 7 月份赞助三个壮游团出行西藏。在壮游团的西藏旅行过程当中，用户还会将旅行日志发布在如家酒店集团的官方微博和微信上，做到良好的二次传播。

● 第三步：微电影之三——赵冬《永不放弃》篇

商旅人士是如家酒店集团，特别是旗下和颐品牌的十分重要的一个客群，其中有一大批的人士属于创业人群。因此，在《永不放弃》微电影中，品牌起用了打车软件"快的打车"联合创始人赵冬，讲述了他在创业初期，不断奔波在路上，并且不断被拒绝的经历。但是当他感受到"家"在背后对他的支持时，他能够一次又一次地重燃对于自己创业的热情，并不断在创业路上坚持向前，最终取得最后的成功。

配套活动：如家创业论坛

线上：开发微信以及微博同步的抢票活动页面，启动"抢票参加如家创业家论坛，为你创业梦想充电加油"的活动，并且通过与创业导师线上互动提问机制，迅速引起创业人群的关注以及参与。

线下：邀请如家酒店集团CEO孙坚、快的打车COO赵东、著名财经人袁岳，举办"如家创业论坛"，三位创业导师在论坛上，分享了自己的创业理念与经验，并为到场的创业者答疑解惑。同时，论坛还与"爱创业"和"飞马旅"两个创业者项目共享平台，邀请数位投资人，以及七个投资项目，现场进行投资项目路演，使到场的来宾不仅吸收了导师们的理论知识，还更加实际地学习到了实操案例。

● 第四步：钢丝善行团《善行天下》篇

《善行天下》以钢丝善行团为主角，剪辑他们无数个在善行路上的点滴，让人们明白现在的中国，不是没有善念，而是善念到处都在，一群普通人就可以在前行的路上不断播撒善念。而播撒善念的源泉，是因为四海一家，帮助"家人"是自己的使命。

配套活动：如家公益万里行

线上：携手君爱、大爱清尘、免费午餐和幸福如家四大知名公益组织，推出"善行天下，如家公益万里行"活动微网站，用户可以挑选一条或者多条公益线路，进行微博和微信的转发，每转发一次，如家酒店集团即为该公益组织的公益行动捐献十元钱，并提供公益组织在公益旅行中的所有住宿。与此同时，用户还可以报名申请成为志愿者，参加不同公益组织的公益活动。

营销效果指数排行 [?]

根据品牌发布博文的曝光、转发、评论等互动数据计算得出，是衡量品牌营销效果的综合指标

1. 如家酒店集团

2. 7 天连锁酒店　10,530,738.11

3. 锦江之星连锁酒店　5,036,931.56

4. 华住酒店集团　2,090,063.07

5. 速 8 酒店　470,599.34

6. 格林豪泰连锁酒店　313,733.55

0M　2M　4M　6M　8M　10M　12M　14M　16M　18M　20M　22M

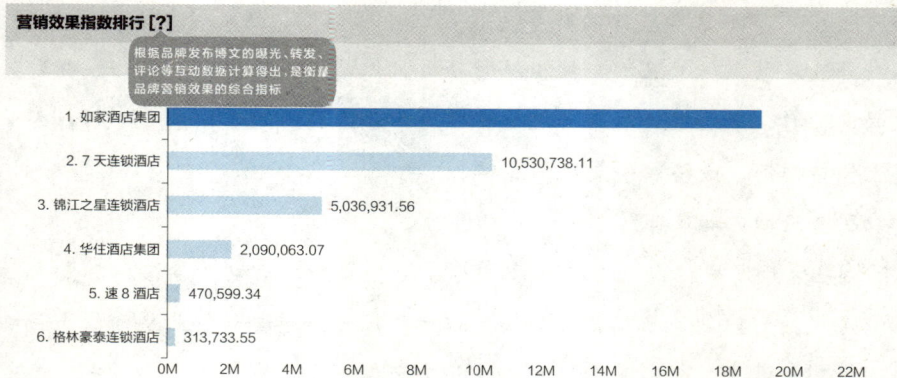

图 4　新浪微博营销指数酒店类排行

线下："幸福如家"是如家酒店集团自有的公益品牌，结合"如家公益万里行"线上活动，"幸福如家"将推出"探访美丽雅安，定制幸福茶包"的文化公益旅行活动。在本次活动中，"幸福如家"不仅将深入探访茶马古道的源头雅安，更将探索当地即将遗失的藏茶文化，并携手雅安百年茶场推出"幸福茶包"项目，为当地的遗失文化，为当地的经济重建，以及为当地的贫困儿童捐献出一份力量。

4.0 商业目标实现衡量 Performance Against Objectives

1. 迅速提升如家品牌新标识的曝光度。

2. 品牌战役传播总覆盖人数：>3000 万，4 条微电影总点击量：135 万，4 个微活动和话题参与人数：1.5 万。

3. 传播品牌核心价值，突出如家的"大"和"强"带给顾客的信心和安心，激发起目标受众行走天下的雄心和行走的自信。从微博用户互动的反馈，非常多的用户给出了非常正面和积极的评价，达到了战役传播的预期效果。

4. 驱动新的消费需求，增加官网流量、微信微博的粉丝人数和 APP 的下载装机量。微博粉丝增长：from 20 万—28 万，微信粉丝增长：from 20 万—

40 万。如家官网流量同比增加 30%。APP 下载量 3 月同比增长 100%。如家总体销售同比增长 5%。

案例研究（Case Study）

K11："莫奈"特展，跨平台合作效应

导语：

中国内地的商业地产市场曾经是港资房企的绝对优势，而近年来不少内地房企开始在该领域崭露头角，在这个群雄逐鹿的时代，城市综合体频现，购物中心大量涌现，有以超大体量吞食市场，亦有借力一线品牌吸引高端消费者的。而伴随着政策、经济、网络市场等各种原因，实体消费市场却是略有萎缩之势，于是商业地产行业竞争更显激烈。此次 K11"莫奈"特展整合传播方案的亮点在于以有限的预算，通过跨平台资源的利用，达到高认知度以及高销售额的商业目标。上海 K11"莫奈"特展观展人数共计超过 35 万，商场客流量同比增长 30%，商场整体营业额增长 30%（零售和餐饮），街拍活动赞助商"axes femme"服装品牌销售额同比增长 54%，3 个月均环比增长 25%。

营销战役档案

公司：K11

品牌：K11

代理商：上海迈擎文化传播

行业：商业地产

撰写：Francois wu, Partner of Matrix

Susie Yang, General Manager of Matrix

Yoyo Jiang, Assistant Account Director of Matrix

在国内一线城市的众多商业项目中，K11作为全球首个购物艺术中心品牌，自开业初期就受到消费者及行业内的广泛关注，但其"艺术＋商业"的模式能否有效地维持商场的人气与经营也引发了巨大的争议。

如何让消费者理解K11品牌的艺术DNA，传播K11"In art we live 活现艺术"品牌理念，并将人群聚拢，一直是K11面临的巨大挑战。

此次上海K11购物艺术中心在中国大陆首次举办"印象派大师"莫奈"特展"，是新型的商业艺术空间首次替代专业博物馆，为广大市民提供了一个近距离感受大师的机会。K11充分利用自身优势，并与各界品牌实现了跨平台合作，让参观者脱离二维的平面世界，体验了一场与众不同的360°莫奈展。而洞察到网络自媒体逐渐庞大起来的影响力，K11放弃了传统媒体的硬性推广，而将此次展览的营销行为重点着眼于网络与个人，成功地将被动参与者转化成主动推广者。

通过展览形式与传播形式的双重创新，K11成功实现了一场全民关注的高等级创新艺术展览，并经由此次展览为商场引流大量人群，活动期间商场销售额显著提升。

1.0 市场背景以及商业目标 Campaign Background

1. 市场现状

中国内地的商业地产市场伴随着政策、经济、网络市场等各种原因，实体消费略呈萎缩之势，于是商业地产行业竞争更显激烈，为了吸引消费者关注，各购物中心争奇斗艳，借活动导流客群并不是新鲜事。

2. 项目现状

K11自开业便有着鲜明的艺术定位，从筹建准备阶段起就吸引了市场及消费者的关注，但艺术与商业之间究竟是矛盾还是博弈，能否达成互利共赢，始终是个未解的课题。在开业一年之后，K11如何在最初的"好奇"之后持续抓住消费者的关注，并让"In art we live 活现艺术"的品牌理念得以贯穿，证明艺术型商场的可行性与可持续性，成为亟待完成的任务。

3. 活动确定

借"中法建交 50 周年"的契机，K11 通过深思熟虑，预备开创性地在商场内举办一场专业艺术展——印象派大师"莫奈"特展。由知名度与影响力颇大的莫奈为引，用 K11 的特色，让消费者体验一场与众不同的"画展"，实践 K11 "In art we live 活现艺术"的品牌理念。

4. 商业目标

展览目标：

● 以"莫奈"特展为契机，让消费者进一步感受到上海 K11 "In art we live 活现艺术"的品牌理念。

● 打破传统艺术展模式，用 K11 的独特视角诠释"莫奈"特展，吸引关注，让消费者与"莫奈"特展零距离互动。

● 提升观展人数与机会，使"莫奈"特展成为全城关注的热点，提升 K11 客流量，呈现一场与众不同的"莫奈"特展。

长效目标

● 让消费者理解并接受 K11 "In art we live 活现艺术"的品牌理念。

● 探索艺术与商业地产的合作之路。

2.0 洞察与战略 Insight and Strategy

1. 核心战略

"活现莫奈"——将上海 K11 "莫奈"特展从一场"画展"进化为一次"关于莫奈的 360° 全维度体验"。

2. 消费者洞察

消费者态度：艺术在消费者心中往往有着"高冷、难懂"的普遍认识，而艺术展常贴上"高端生活"的标签，使爱好者即使参展也只在小范围内分享与讨论，很难形成热点事件。一般人即使想参与也无从得知信息，所以很多项级艺术展在国内往往叫好不叫座。本次""莫奈"特展"放低身段拉近与普通人之间的距离，从而避免遭受"冷遇"。

消费者人群：K11此次展览的目标传播对象主要是20—40岁年轻族群，不分男女，他们追求生活品质，也注重精神追求。他们对生活充满热情，他们的世界是丰富而多元的，这也导致了难以长时间关注某一事件。他们的信息渠道更宽泛更实时，也更碎片化。综合来看，相比传统媒体、业界权威的长篇累牍，他们更容易接受网络片段、KOL的多点传播，并迅速做出反应，在朋友圈分享、在不同圈子相互传播。

3. 推广策略

针对消费者看待艺术展的态度，K11通过对传统艺术展问题的思考，通过将抽象的艺术实体化、多维化、感受化的方式，打造一场360°的全维度"莫奈"特展。解决普通消费者对"莫奈"特展理解难、表述难、分享难的困扰，真正拉近消费者与"莫奈"特展的距离，使消费者感受到"莫奈"特展就在身边，使"莫奈"特展活化起来。

而根据主要传播对象的人群特质，K11"莫奈"特展要将消费者从以往的"被动信息接受者"转变为"主动信息推送者"，通过他们的自发性传播点燃"莫奈"特展的热度，进而使本次"莫奈"特展的亮点引发媒体的主动关注报道，引导更广泛的外围人群关注、参与K11"莫奈"特展，并由此消弭高端艺术与普罗大众之间的隔阂。

4. 媒体策略

作为首个进驻豆瓣品牌小站的商业地产品牌，K11对网络自媒体时代的探索与创新有浓厚兴趣，而从结果来看，K11此次展览的推广力量几乎完全仰赖所有参展者个人的主动推广力，K11将更多的精力与创意用在组织针对各个不同人群的互动活动，通过各种活动的分享、转发成功实现了对"K11'莫奈'特展"的大范围、高密度推广，并由事件热度反引各路媒体争相主动报道。

3.0 实施 Implementation

在为期四个月的开展期间，通过在线上线下设定不同主题，有节奏地通过融媒推广、跨界合作、创新形式等手段，让消费者对于上海 K11 购物艺术中心"莫奈"特展从"启蒙"、"感知"到"自主创造"，由此引爆了一场全民参与的"莫奈"特展。

第一步："画里画外"实景重现莫奈画作。

在距离"莫奈"特展开幕的前一周，莫奈生活与创作了 40 年的地方——吉维尼花园，在上海淮海路的 K11 入口处重现。现场铺满鹅卵石的池塘、缤纷野花，与莫奈画作中出现过的场景一模一样，而绿色拱桥正是莫奈画作《日本桥》的原型缩小版。4 月在池塘里还种植了莫奈画作中最有名的主题之一——睡莲。实景的莫奈作品吸引了来往淮海路的客流，引发了网络及媒体的广泛讨论。与之相呼应的是，K11 选择了与时下流行的前卫艺术花艺品牌"野兽派花店"合作，在上海 K11 购物艺术中心的二楼，以野兽派的高品质鲜花和装置艺术实景搭建了莫奈花园，重现了莫奈的灵感之所，穿越空间的室内吉维尼花园毫无疑问地又成为消费者和野兽派粉丝追捧的自拍圣地。

第二步："云导览"线上"莫奈"特展实现跨区域观展。

出于对高等级艺术品的保护，"莫奈"特展与大部分艺术展一样遵循了不允许摄像的惯例，K11 推出的这一服务受到了广大艺术爱好者的好评。

第三步："时尚莫奈"潮人联盟演绎莫奈风。

针对 K11 主打人群的时尚性与艺术性，K11 在自有街拍网站 look11 与网易旗下的主题街拍网站 istyle 同步推出"我有一个秘密花园"的主题街拍，将莫奈作品风格融入服饰搭配，让时尚潮人为莫奈代言，使线下活动转化为线上图像呈现，同时覆盖了艺术达人与时尚 KOL，透过他们的主动转发，在两大目标人群中实现精准传播。

通过与全球领先的云服务"印象笔记"联合，K11 组织了线上莫奈云导览，为"莫奈"特展搭建了跨越时间空间限制的导览服务，为莫奈观展者对于画作的图像化保存收藏提供了解决方案。而通过对名画及大师的解读，线上导览服务为1000万用户搭建了可随时欣赏莫奈大师作品的平台，为每一次分享提供了可以附加的内涵与深度，以此催动用户的分享欲望。不仅为现场观展的客人提供了便利，更应用印象笔记本身大基数的用户，进行了一次跨平台的深入传播。

第四步："莫奈联盟"社会化媒体平台的莫奈口碑矩阵。

K11不仅在微信、微博、豆瓣小站等自有媒体阵地铺设了K11"莫奈"特展的持续报道与线上互动活动，更运用了大众点评、豆瓣同城、格瓦拉等有销售能力的平台，将"莫奈"特展的观展票从传统渠道搬到了线上的社会化平台，引发了网络购票热潮，有趣的活动与新颖的购票方式，使豆瓣上试水的10000张预售票，在三天内就被抢购一空。而大众点评与格瓦拉，共同售出了10万张观展门票的惊人成绩。

同时，K11还联合了国内最优秀的轻博客平台LOFTER，基于LOFTER的用户特性（大量艺术、创意从业者与爱好者），发起了#启蒙我的画#和#我拍过的桥#创意分享活动，通过自主创造与上传，将莫奈作品进行全新诠释与演绎，从而进行二次传播，扩大"莫奈"特展的影响力。

经由与品牌不同形式的合作与层层递进的话题推广，K11完成了自有粉丝与品牌既有人群的置换与叠加效应，成功透过这些人群的自主分享实现了K11"莫奈"特展的层次推广，引爆了各大媒体的自主性报道。通过全渠道的自发传播，K11通过"莫奈"特展成功实践了一次跨越时间、空间、人群，多元化、无线化、全民化的艺术狂欢。

4.0 商业目标实现衡量 Performance Against Objectives

目标：

1.　以"莫奈"特展为契机，让消费者进一步感受到上海K11"In art we

live 活现艺术"的品牌理念。

2. 打破传统艺术展模式，用 K11 的独特视角诠释"莫奈"特展，吸引关注，让消费者与"莫奈"特展零距离互动。

3. 提升观展人数与机会，使"莫奈"特展成为全城关注的热点，提升 K11 客流量，活现一场与众不同的"莫奈"特展。

结果：

1. 通过超过三万份的线下问卷调研，消费者通过"莫奈"特展，对于 K11 品牌的艺术定位有广泛的认知，超过 90% 的消费者认为上海 K11 是一个诠释艺术的购物商场，其中 50% 信息来源为网络。

2. K11 的 ePR（网络公关系统）传播中，新浪微博粉丝从 60 万实现几乎翻倍增长，超越 100 万，新浪微博带来的 4000 万 PV 和 10 万的转发点赞；豆瓣小站粉丝从 4000 翻倍增长到 10000；K11 商场会员增长 5 万人；超过 1000 个网络红人自主参与传播活动。

3. 上海 K11"莫奈"特展观展人数共计超过 35 万，商场客流量同比增长 30%，商场整体营业额增长 30%（零售和餐饮），街拍活动赞助商 axes femme 服装品牌销售额同比增长 54%，三个月均环比增长 25%。

此次"莫奈"特展引起广泛的轰动，2000 多家媒体主动报道，远在大洋彼岸的纽约时报和华尔街时报也对上海 K11"莫奈"特展进行了大篇幅报道，可以说此次上海 K11 的"莫奈"特展已经引起了全球的关注。本次上海 K11"莫奈"特展项目完全通过找到合适的品牌进行跨界艺术合作、资源共享以及自主性话题传播等形式实现融媒推广，除了代理公司常规月费以外，付费媒体支出为 0 元。

5.0 创新和经验学习 Innovation & Lessons Learned

1. 概念的创新

此次上海 K11 购物艺术中心的"印象派大师"莫奈"特展"艺术展概念

创新，是新型的商业艺术空间首次替代专业博物馆，为广大市民提供了一个近距离感受大师的机会。对于商业项目来说看似少有直接利润的艺术展经由包装和设计也可以成为带来大量的人流与收益高回报率的活动。

另外，这或许也为颇显冷清的高规格艺术展提示出一条全新的道路，在隔江相望的中华艺术与K11"莫奈"特展同期举行的"列支敦士登王室珍藏展"却参观者寥寥，这无论对于主办方还是艺术爱好者来说，都是相当遗憾的事。

2.形式的创新

360°的"莫奈"特展是艺术展览的形式创新，通过跨界艺术装置、线上"莫奈"特展、"云导览"作品讲解、周边产品、衍生活动等多种活动，K11不仅仅是呈现了一个立体的画展，活现了莫奈作品的精髓。通过名画及作者与现代生活的对比、联系，使得现代人得以触及那些曾经岁月中的"名家"，艺术才变得不那么高高在上。当画展拥有了网络时代的特征——可参与性，它才可能成为热点。

3.执行的创新

K11用"莫奈"特展实现了一次跨平台的完成态，不仅是简单的不同平台的信息铺设,K11通过"莫奈"特展先后联合了包括野兽派花园、印象笔记、iStyle、LOFTER等数个不同的平台，并经由与它们不同形式的合作，实现了K11与品牌既有人群的置换和叠加效应，成功完成了一场跨平台狂欢。

4.推广的创新

K11"莫奈"特展此次在推广上的胜利得益于对客群的洞察与分析，一改惯常"自上而下"的大篇幅推广，反其道而行地选择了看似做不可控的自发性传播，通过不同类型的活动吸引对应群体内的KOL首先参与，从而形成一种良性的分享氛围。促使K11"莫奈"特展在不同人群中相继引起轰动，最后尤其集合效应引发来自传统媒体的主动报道，甚至得到远在大洋彼岸的纽约时报和华尔街时报的大篇幅报道，在最少预算（媒体支出0元）的情况下实现了传播的最大化效应。

【在线延伸阅读】

图片社交：nice 营销价值挖掘研究报告。

Chapter IV

体验，消费，分享

O2O* 商业地产 *K11

数字营销后的商业逻辑：商业地产行业的 O2O 营销创新

导语 为什么讨论商业地产的数字营销对所有营销人都有意义？与传统的 B2C 行业相比，商业地产的数字营销很有自己的特点。首先，跟零售行业类似，它拥有大块的线下触点和展示资源。这意味着，它跟消费者的线下触点很多，容易形成一个天然的社交网络。同时，消费者在进店前后，购物决策过程很长，有诸多机会可以触发消费者的口口相传，这对社会化营销至关重要。当然，每一个触点同时都是一个风险。消费者会因为你的店里设有无线网络（WiFi）获得更好的体验，但同时也会因为厕所不干净或停车位不够而不愿光顾。

它对其他行业的借鉴意义在哪里？我们认为有以下几点：

● 数字营销的世界中忘情过久，很容易忽略线下，忘记实体，背弃商业。真正成功的营销背后永远都是久经考验的商业逻辑在支撑。走到消费者中间，体会他整个购买流程，了解现实生活中的影响驱动因素，反过来，能令我们在数字营销部署时，更脚踏实地。

● 大部分的数字营销采取的战略是线上引导线下，而今天我们探讨的上海新地标 K11（特指上海 K11 购物艺术中心，如无说明以下皆同）却很成功地开展了线下服务体验引导线上，继而形成 O2O 的效应。

● 实现 O2O 需要的不是颠覆，聪明的营销人懂得善用已有资源，将卓越的线下体验通过顾客自发传播在网络上引爆，成为顾客不得不进店的理由。这一层逻辑对任何行业都适用。

"商业地产的运营不是一锤子买卖，它不是一个直接的过程。我们要做的不是一件，而是关联的一组事情。首先，要让消费者来，来了要引导他逛，逛了之后要试，试了之后要付钱，付钱之后要去吃饭看电影，这是一个复杂的过程。其中面临的挑战非常多，如何平衡就很有趣。所以商业地产的数字营销就不能仅仅追求传播，传播只是一方面，要把每一个点通过数字化手段去影响消费者决策。"K11 互动营销项目负责人 Owen Shi 说。

一、理解消费者行为，优化品牌沟通策略

现在的顾客每天面对海量信息，他们有无数选择，如何进入他的选择范围，这是一个关键。除了高品质的产品和服务外，差异化是一个关键，同时通过差异化促使品牌在社交网络上口口相传。社交媒体是现代人最主要的交流渠道之一，也是口碑传播的最佳工具。

● 消费者对移动社交设备日渐依赖，社交网络成为口碑传播最佳工具

如今数字消费者的购物环境同以往已产生很大差异，他们无时无刻不在用移动设备进行社交分享式的生活，当然他们需要零售商或购物中心能够满足这些要求。尤其是智能终端的出现，它深刻地影响着消费者的购物行为，购买决策和购物体验，你是否问过你的品牌，我的店内社交（In-Store Social）做得如何？或是我的社会化媒体跟电子商务平台结合得怎样？理解消费者新的购物行为，帮助品牌改进自己的沟通战略，在合适的时间地点用对的信息与消费者沟通，只有那些在每个触点，在家、在路上、在店内，都做到令消费者满意的品牌，才能最终赢得消费者。

K11 是商业地产甚至零售行业少数几个真正理解消费者趋势变化的品牌。从小香猪社交媒体刷屏效应，艺术展二维码扫描，到 APP 餐厅预约排队，潮流街拍上墙，以及地下艺术展，K11 不断用最新的理念和科技塑造自己的品牌，

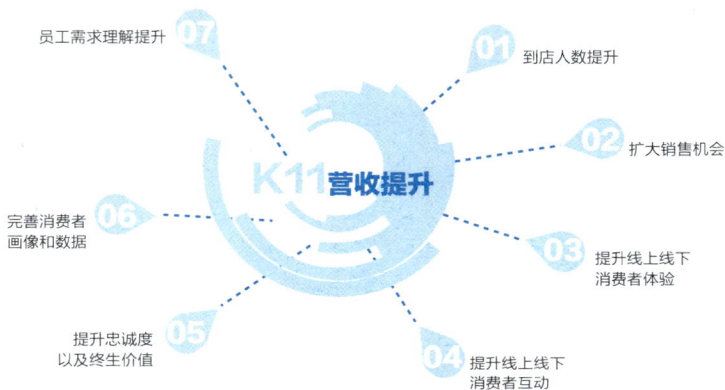

图 1   如何从 O2O 战略中获益

提升顾客的体验。

"时代在变，10 年前，影响顾客去商场购物的因素可能是离家近，可能是商场名气大，可能是有他 / 她中意的品牌。导致这几个因素的共同原因，是顾客接受的信息是有限的，他 / 她只知道有限的几个目的地，无从选择。而现在的顾客每天面对海量信息，他们有无数选择，如何进入他的选择范围，这是一个关键。顾客在什么情况下会想到来 K11 ？作为一个在内地市场全新的品牌，我们要如何成为顾客的选择？除了高品质的产品和服务外，差异化是一个关键，同时通过差异化促使品牌在社交网络上口口相传。社交媒体是现代人最主要的交流渠道之一，也是口碑传播的最佳工具。"K11 互动营销项目负责人 Owen Shi 说。

● 降低消费者信息获取成本，提升消费积极性

随着高速无线网络和智能设备的普及，消费者已经可以随时随地轻易地获取信息。而相对的服务和产品却难以被获取。因为受到人力、设备、场地、存储等因素的制约，服务和产品必须花费更多成本才能到达消费者，而成本最终都会由消费者承担。如果成本过高，其结果就是消费积极性受到影响。

O2O 的优势在于利用信息的便利性来使信息和服务更加对称，降低消费者获取服务的成本，进而提升消费积极性。成本包括哪些？不仅仅是金钱，更

多的可能是时间、距离甚至其他因素。比如：顾客很想去一家新开的饭店吃饭，但是因为找不到朋友一起去不得不作罢。再如顾客想去某购物中心，但是停车位已满，于是只得停在另一家购物中心，顺便就逛了一圈。所以，做好O2O 的重点便在于如何利用信息来降低成本，让信息和服务同步。

二、O2O 传播效应：K11 是如何将线下服务体验带到线上的

商业的本质是为顾客提供好的服务，手里哪项资源能够更好地服务顾客，它就应该是主导的资源。我们的优势是集中在线下，我们通过一系列高品质的服务，有能力把消费者留下来。营销从业者应该紧跟趋势，但也不能盲目迷信新的东西，更重要的是结合自身产品和服务特性。

● 从"店内价值"到"服务呈现"

在一切开始前，首先要评估和确定你给顾客的店内价值，你能够提供的实体产品之上的价值，这等价于你给了顾客一个不得不来店里的理由。比如独特的购物体验，定制化的服务。这一步必须是跟公司整体的商业目标的市场定位相一致的。不同类型的商业地产 / 零售在这一层面的体现会不一样。比如假设你的经营项目是摄影、烹饪，也许你可以设置工作坊教室。最重要的商业目标是体现你的差异化。

K11 并不只把自己当作一家贩卖商品的购物中心。它的定位更像一个线下的社交空间，是一个体验生活，发现生活的地方，活化本土艺术也是其使命之一。因此我们不难理解，K11 上海艺术购物中心拿出整整一层楼，3000 平米空间做艺术。

【幕后故事：牵一发而动全身】

实现 O2O 的一个关键因素是要确定你的目标与大的商业目标一致，或是

为它服务。O2O 从根本上就是需要跨部门合作的，因此得到所涉及部门的认可和支持至关重要。在 K11 市场部之下，数字营销部也和传统公关广告、客户关系管理部门紧密合作。K11 品牌的特别之处是，这是一个由品牌创始人直接关照的项目，并且创始人十分重视数字营销方面的投入，这使得这个内部沟通调整的效率非常高。我们都了解，数字营销时代下，快速反应是关键。K11 的数字营销部门还直接负责营销战略落地需要的一线人员培训。

如果你是一个零售品牌，前期准备会相对简单。但像 K11 这样的商业地产，情况会更复杂些。因为商业地产本身不拥有商铺品牌。贯彻一个项目也许意味着与不同商户多次的沟通。K11 在开业时上线的 APP，其中一项功能是会员卡结合 APP，通过收银机的扫描器即可刷手机会员卡，这就需要为所有的收银机和 POS 机配备扫描器。这个看似很简单的系统，需要和许多不同的品牌接入，而不同品牌本身用的收银系统、操作流程不一样，实施的规格要求也不尽相同。这些，都需要在实施前期耗费大量精力。

另一个需要提前部署的是培训。K11 的 APP 中设置了餐厅排队系统，而系统后台使用者是一线的餐厅营业员，他们需要进行系统培训，然而，餐饮行业的人员流动率很高，经常面对的情况是，刚刚培训好的人很快离职了，不得不重新培训。

● 线下体验引导线上传播

服务、体验、细节是 K11 最强调的。我们会发现，K11 从来不以折扣、优惠为重点来吸引消费者，更强调立体的顾客体验。正是因为对线下体验的执着和自信，K11 的一个核心做法是：线下引导线上传播。我们发现，K11 在很多触点做了很多不同的尝试，这些尝试看似分散，但实际都在塑造一个统一的品牌形象。这里不得不提的是 K11 的"都市农庄"，其中的"小香猪"话题在社交网络上成功引爆，成为上海城中热点。顾客在上传小香猪照片的同时，还不忘在 K11 签到，K11 的曝光量一时间迅速提升。

商业的本质是为顾客提供好的服务，手里哪项资源能够更好地服务顾客，它就应该是主导的资源。如果我的终端在线下是无处不在的，那我可能会重点通过线上主导。但我们的优势是集中在线下，我们通过一系列高品质的服务，有能力把消费者留下来。营销从业者应该紧跟趋势，但也不能盲目迷信新的东西，更重要的是结合自身产品和服务特性。

● 促进消费者的社交分享，与品牌合作，推出创意促销

K11 是上海第一个全层免费覆盖无线网络（WiFi）的商场，这首先给有分享欲望的顾客提供了好的传播环境。商场在显眼位置都设有二维码，扫描可以连接到 K11 的社交账号。在这个基础之上，不论是从合作艺术家的选择，还是现场装置的设计利用，K11 都考虑到了"是否便于社交传播"这个因素。

K11 在与艺术家的合作中，也积极拥抱社交媒体和新兴技术，K11 艺术空间开幕展的主题为：社交媒体兴起后的艺术。其中的一件艺术品"人造月球"，用户可以通过 WiFi 把照片上传到"月球"，成为艺术品的一部分，再将照片分享到社交网络。

K11 将场内所有的穿衣镜印上有日系杂志封面风格的镜框，并含有品牌信息，顾客可以照下自己在时尚杂志封面的样子上传社交网络，并凭此领取合作品牌 Collect Point 的优惠 。一个月内，引发了上百位顾客在社交网络分享，合作品牌的月营业额上涨 **30%**。而这一操作，由于是依托线下已有资源，几乎没有成本。

【充分利用数字科技—利用餐饮远程预约系统，鼓励顾客利用等待时间来购物】

K11 将艺术展展品和艺术家的信息全部数字化，顾客只需通过 APP 扫描艺术品的二维码，便可得到艺术品的介绍，这样也省去了人工导览的配备。除此之外，K11 的收银系统配置了扫描器，与会员卡结合，连接 CRM 系统，更好地记录顾客的购买习惯。最有意思的是餐饮远程预约系统；餐厅客满后，顾客可以通过 APP 取号排队。这段时间，顾客不用守在店门口焦虑地等待，也

避免了现场的混乱。等待时间可以用来购物，将原本在餐饮中浪费的人气转化到其他消费中，更好地配置资源。所获得用户数据同样可以给餐厅支持：比如发现经常去某家餐厅吃饭的顾客，也喜欢某个品牌的服饰，可促成两个品牌的合作。而这一切的最大的出发点都是照顾了顾客的消费习惯，让顾客获得更好的体验，也带动了更好的转化 。

【评估阶段——结果衡量】

由于商业地产的特殊性，K11 对于营销战役结果的衡量侧重也有些不同。促进销售是终极目标，但公司并不拘泥于销售，同时会关注会员的增长数以及传播效果。Owen 非常重视用户的推荐，他很看重一个活动在多大程度上会让顾客愿意把 K11 推荐给朋友。

案例研究（Case Study）

理肤泉：微信后台智能服务系统，O2O 激励顾客到店促成百万营收

导语：

随着国内化妆品行业的竞争格局激增，渠道的多变复杂，以及电子商务加入后潜在的成本提升，营销费用日趋增高。大多化妆品品牌仅促销费用就占据销售额的 30%—50%。追求每一次投入的 ROI 也成为化妆品品牌的必然之选。行业常规使用的"派发小样"活动往往就面临着 ROI 不均衡的问题：花费了传播与产品成本的费用，却无法控制到店及后继消费转化的行为及数据。理肤泉是业内第一个采用微信社会化工具，选择微信公众账号作为派发渠道，线上派发，线下领取，吸引新用户到门店领取并促成销售的品牌。基于数据整合，打造微信公众账号成为后台智能服务系统。该活动用户到柜率达 60%，远高于其他渠道同类

活动。领取者当场购买了其他产品，这令理肤泉获得超百万元的营收。

不仅是社交网络，企业内部也有各种应用数据沉睡于发烫的硬盘，而消费者却尚未真正享受到企业信息化带来的便利。数据是可以提高效率和产生效果的，数字化时代数据单一使用的情况一去不返，我们应当考虑更多能够让数据活起来的方式：媒体端口与品牌网络阵地端的数据；用户数据与品牌运营数据等等。用工具打通各个端口和平台的壁垒，让数据能够真正为人所用，为品牌所用。

"社会化营销"不只是传播，还可以是利用技术改善品牌和消费者的关系。消费者不一定会记住电视广告，但却一定会因为消费体验中的贴心细节而产生更多的好感。社会化营销，不应该将目光仅仅停留在品牌被热议和曝光，产品被无数次的转发和评论。而应该更多的是通过借助社会化平台和技术，让品牌与消费者的关系变得不同，不再是简单的"买卖""送拿""告知"，而应该令社会化真正能够为营销服务，带给品牌更多实效，让品牌和消费者关系更健康亲密。

营销战役档案

公司：欧莱雅

品牌：理肤泉

代理商：帖易 TEEIN

行业：快速消费品 / 护肤

撰写：Shawn.Liu, VP of TEEIN

Roy.Yan, CEO of TEEIN

框架设计及编辑：SOCIAL ONE

1.0 市场背景以及商业目标 Campaign Background

随着国内化妆品行业的竞争格局激增，渠道的多变复杂，以及电子商务加入后潜在的成本提升，营销费用日趋增高。大多化妆品品牌仅促销费用就占据销售额的30%—50%。追求每一次投入的ROI也成为化妆品品牌的必然之选。行业常规使用的"派发小样"活动往往就面临着ROI不均衡的问题：花费了传播与产品成本的费用，却无法控制到店及后继消费转化的行为及数据。

同时随着互联网社交化的趋势，品牌与消费群进行沟通的任何一次机会，都承载了多种职能，例如传统的信息告知，产品发布。而这些行为更成

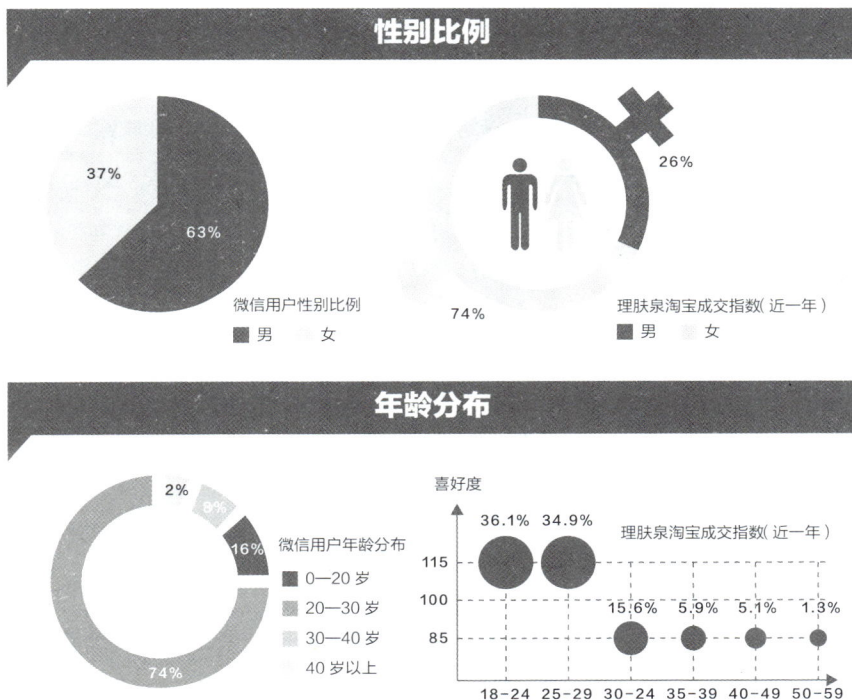

图 2　用户性别比例及年龄分布

为品牌与消费者建立良好客户关系管理体系的契机。ROI 的概念也不仅仅是简单的短期销售回报，品牌希望能够从中获得更广、更深入的回报。

　　理肤泉是业内第一个采用微信社会化工具，选择微信公众账号作为派发渠道，线上派发，线下领取，吸引新用户到门店领取并促成销售的品牌。基于数据整合，打造微信公众账号成为后台智能服务系统。该活动用户到柜率达 60%，远高于其他渠道同类活动。领取者当场购买了其他产品，这令理肤泉获得超百万元的营收。

　　中国化妆品行业小样派发这个重要的营销手段，面临三大问题：

●消费者线下集中区域领取，导致部分柜台无货可领，部分柜台无人问津。

●消费者重复领取，降低品牌每一份小样的 ROI 产出率。

●领取结束后，消费者信息浪费，无法展开后继营销。

　　基于以上的商业问题，这次战役的营销目标为：

●保证小样派发活动的可控性，让更多用户能够体验产品。

●提高用户到店率，并合理控制线下配合，保证活动有序开展。

●建立客户关系管理体系，让用户信息流入企业 CRM 库，并持续沟通促成未来的会员营销。

2.0 洞察与战略 Insight and Strategy

1. 洞察

　　社会化已经不是一个新奇的课题，随着社会化的普及，每个用户都成为独立并自主的发言人，他们能够快速地传播资讯，并且主动地获取自己所需要的资讯和信息，并且通过自己的圈子文化，让信息传播率提高的同时，极大地降低了传播成本。随着智能手机普及，微信成为普及率及使用率最高的社会化移动终端应用。用户们可以更加便捷快速地在他们的网络世界中自由地选择、参与各种商业的、非商业的内容与活动。

　　理肤泉的目标用户与微信用户的匹配度极高，理肤泉的核心目标群体是

18—30岁女性，而微信用户这部分消费群占据极大比例，也就是说我们的活动可以让这群已经进入微信平台的用户快速便捷地参与。

而对于化妆品行业的小样派发活动，往往是品牌主非常两难的选择，派发小样必须要做，但做了以后对销量和品牌的帮助究竟有多大针对性的数据考量？传统的派发模式通常是柜台发放、杂志夹带、街头派送、免费寄送等，但这些方式普遍存在发放量难以统计、实际发放效果难以控制、覆盖面窄、缺少反馈的问题。化妆品品牌也正在努力寻找一种更有效的小样派送方式。而消费者同样具有很多困惑，很多消费者向新闻媒体反映，他们常常是往返当地的几个大型商场五六次，还是没有领到短信告知的新品小样。每次都被告知"刚被领完。"消费者对此充满怀疑，是该品牌既想做宣传又不愿意真正赠送试用装？还是商场销售人员私自克扣了免费小样？难道自己被品牌或者商场忽悠了？消费者的怀疑多少有点依据。最近网上有很多品牌化妆品小样销售，其来源渠道之一就是商场销售人员私自克扣下来后再出售的。而品牌忽悠消费者的事也时有发生。所以在小样派发必须开展的前提下，何种能够让消费者信任、乐于参与并且真实有效的活动非常重要，而在此背后，品牌从中获取用户数据、品牌喜好提升、产品建议等深入信息则更为重要。

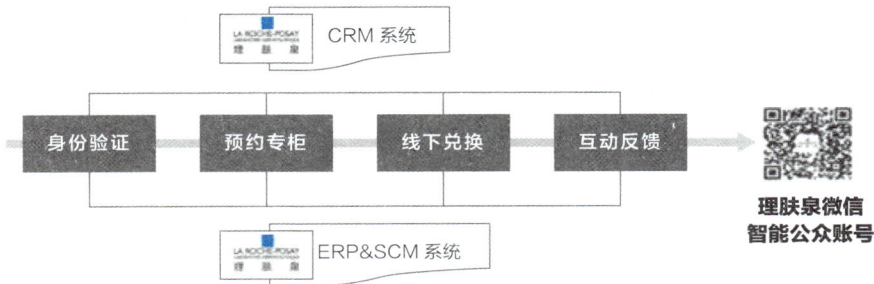

图3　理肤泉本次战役小样预约流程

2. 整体策略

选择微信公众账号作为派发渠道，线上派发，线下领取，吸引新用户到门店领取并促成销售。基于数据整合，打造微信公众账号成为后台智能服务系统。不仅仅把微信作为用户获取信息参与活动的入口，更成为统筹管理整个活动，协调后台数据域与执行把控的重要路径。我们整合微信端口，理肤泉现有 CRM 系统、ERP 系统，使之成为一个由数据驱动的智能服务系统。消费者通过简单流程参与活动的同时，后台各个系统通过数据协调管理，促使活动高效运行。

3.0 实施 Implementation

1. 充分沟通，与客户共同完成微信智能服务系统的开发

- 微信服务系统功能板块设置

基于对客户服务体系设定，开拓微信中人工＋智能的服务体系，丰富自动化词库和不同状态的人工切入调用功能。

- 理肤泉 CRM 系统数据对接

通过数据端口开放的方式，可以动态调用现有 CRM 数据库，当用户进入微信绑定手机号，可根据手机号作为识别码，识别用户是老用户还是新入用户，可针对性提供资讯和服务。

- 理肤泉 ERP 系统数据对接满足本次推广的需求，由理肤泉开放数据端口，可以根据理肤泉线下门店小样的数量，实施调、用数据，满足有序引导客户的功能实现。

2. 在微信中进行信息告知，消费者参与简单易行

3. 预算使用分配

- 微信智能系统开发运营：人民币近 20 万元

- 无额外推广费用

4.0 商业目标实现衡量 Performance Against Objectives

1. 回到理肤泉的营销目标

- 保证小样派发活动的可控性，让更多用户能够体验产品。

- 提高用户到店率，并合理控制线下配合，保证活动有序开展。

- 建立客户关系管理体系，让用户信息流入企业 CRM 库，并持续沟通促成未来的会员营销。

2. 本次战役皆通过有效的解决方案达到了目标

- 消费者线下集中区域领取，导致部分柜台无货可领，部分柜台无人问津

- 打通 ERP 系统数据，在线上领取小样时实时显示各门店小样存量，做到有序引导，消费者除了可以选择就近的门店，还可根据适时数据的提醒，选择还有小样的门店。既分摊了线下门店的压力，又减少了消费者空跑的辛苦和投诉。

- 消费者重复领取，降低品牌每一份小样的 ROI 产出率通过微信绑定手机号产生唯一代码，消费者携带代码前往线下门店，到达门店后可与线下门店的唯一代码绑定，这样形成了"1 人定 1 店"的唯一代码，从而完成一人一份的领取。减少了品牌小样被人重复领取的情况，还保证了更多的用户可以参与到小样派发的活动中。

- 领取结束后，消费者信息浪费，无法展开后继营销对消费者领取行为进行分析，例如申请小样的时间，线下领取的时间，与微信客服互动的内容等维度，对消费者进行分组设定。分组后通过微信的特点 1 对 1 分类与消费者进行二次甚至多次沟通，如小样使用体验，对产品的建议和对品牌的态度，从而可以获取消费者的真实反馈，完成消费者关系的初次搭建，促成实现真正意义的会员专属营销服务。

- 理肤泉这次小样派发是业内第一个采用微信社会化工具，通过微信的

深入沟通特点，开展了一次别开生面的领取小样活动。对于用户来讲，提高领取小样的便捷性甚至一部分用户的积极性；对于品牌来讲，让普通的小样派发具备更多的实效意义。

3. 具体的效果衡量数据

● 活动上线 5 天后，上海地区就已全部申领完毕。

● 在短短 6 周的时间里，有 8 万人参与活动。

● 用户到柜率达 60%，远高于其他渠道同类活动。

● 领取者当场购买了其他产品，这令理肤泉获得超百万元的营收。

● 派送的产品成为当月 NO.1 热销产品。

● 用户反馈率高达 40%，消费者与理肤泉之间的关系变得更加亲密。

＊数据来源：理肤泉微信智能后台系统与理肤泉客户反馈

案例研究（Case Study）

吉野家：微信 5.0 最"外貌协会" O2O 助力新品上市

导语：

　　社会化媒体与电视、杂志、报纸、户外广告这些传统的媒体渠道相比更具草根性和平民化，所以更容易让普通消费者产生共鸣。对于大众餐饮业来说，"接地气"是非常重要的。除了食物本身的美味可口，认知度、好感度以及口碑都非常重要。而社会化媒体营销传播是可以让品牌直接与老百姓面对面，直接贴近的一种方式。无论是微博、微信、论坛还是视频、意见领袖，都是现在基本上大众每天接触，而且最容易进行生活圈内转发口碑传播的方式。能够将社会化媒体与传统媒体很好地进行结合，将会让品牌和产品的推广传播事半功倍。

　　创意微信优惠券 APP 不是简单的"发优惠券"。除了上面说的媒体渠道的选择，传播内容也非常重要。对于活动的策划和执行者来说，需要了解吉野家的目标用户、了解当下最火热的社会热点、准确抓住目标消费者当下的兴趣点和关注点，将整个传播渠道打通，这也就是我们常说的 MM 传播守则：Message（传播内容）+Media（传播渠道）。

真正的 O2O 是 Online to Offline + Offline to Online。O2O 要能够把线上和线下有机结合，才能发挥微信营销的效果最大化。在"凭脸吃我"和"疯狂帅锅"的传播中，吉野家在京津冀三地所有门店都进行了活动宣传，每一张餐桌的桌角都贴了这两个活动的参与方式，从线下反推到线上再导入线下。这两次活动从门店带来的流量约占整个传播所带流量的 30%—35%。

营销战役档案

公司：北京吉野家快餐有限公司

品牌：吉野家

代理商：北京赞意互动广告传媒有限公司

行业：餐饮业（连锁快餐业）

撰写：Stephy Liu, Partner of Goodidea Media

May Lan, Partner of Goodidea Media

框架设计及编辑：SOCIAL ONE

由合兴餐饮集团控股的北京吉野家快餐有限公司今年 8 月和 10 月分别推出由任重代言的"吉味米堡"和"吉味石锅"，在京津冀地区试点举行了一系列"外貌协会"的 O2O 新品上市促销活动，包括：为吉味米堡促销的"凭脸吃我"创意微信优惠券 APP，为吉味帅锅促销的"疯狂帅锅"微信互动游戏优惠券 APP 和"白衬衣帅哥日——帅哥换帅锅"活动，通过线下门店推广引导；微博、微信、代言人、意见领袖推荐；普通消费者微博、朋友圈分享口碑传播。其中，"凭脸乞我"仅四天就收到 7000 多张图片参与，总优惠券领取数为 18093 次；"疯狂帅锅"对吉野家的固有用户和新增用户形成了极大的黏性，人均参与次数和生成优惠券次数约为五次；"白衬衣帅哥日——帅哥换帅锅"活动也在微信宣布的第二天就有消费者慕名前往餐厅参与活动。截至目前，吉野家的这一系列营销传播推广共获得了 102400 多条讨论，正面关注和影响人群达五千万，吉野家微信官方账号粉丝增长超过两万。

1.0 市场背景以及商业目标 Campaign Background

继 2012 年国内餐饮业创下自 1991 年以来（除 2003 年非典时期）最低的增幅水平后，由于经济、环境问题，人们对于健康、营养餐饮的要求越来越高，加上禽流感等外界因素的影响，2013 年餐饮业的表现也不尽如人意，所以竞争也更加激烈。从个体商户到连锁巨头，从大众快餐到高档餐厅，越来越重视互联网、微博微信和大众点评等社会化媒体（新媒体）传播渠道，很多品牌在今年都一腔热血地扎进了微信公共账号营销中，原因主要有三：

● 性价比更高且效果更易于衡量——与传统广告公关相比，新媒体营销费用更低且灵活多变，但效果更直接、更直观，效果反馈也更快。

● 传播更快且更直接——新媒体传播是与大众更加直接、更加亲切的一种传播形式，也是现在大众接收信息最多的渠道之一。

● 传播达到率更高——从优惠促销的角度来讲，餐饮业比拼的并不是优惠的力度，而是优惠的到达速度和到达率，这也就是为什么餐饮业纷纷从线下的纸质传单、维络城转向线上的大众点评、团购等。

然而，餐饮业老大们所期望的绝对不是网络和微信中的热闹，而是希望能够促进人流量和消费：就在各大品牌有的已经碰了一鼻子灰，有的还在微信营销的道路上探索的时候，微信 5.0 的出现又给大家带来一重大难题，是升级为服务号还是停留在订阅号，想要具备更多有意思的功能但又很难放弃每天一条信息推送的权利怎么办？相信这是各品牌市场部的共同困惑。此外，优惠券的发送和达到率是餐饮业的另一大难题，现如今消费者对于四面八方的优惠券已经略显审美疲劳，如何能再次让消费者对普通的优惠产生兴趣呢？消费者对于快餐的选择最重要的因素之一是好感度和兴趣度，能够抓住目标消费者的兴趣点和关注点也是连锁快餐大佬们制胜的法宝。

基于以上市场营销现状，北京吉野家快餐有限公司进行这一系列项目，目标是：

● 为新品"吉味米堡"和"大帅锅——吉味石锅"上市进行推广宣传，迅速扩大"吉味米堡"和"吉味石锅"的知名度和消费者认知度，将"大帅锅"变成"吉野家石锅拌饭"和"吉味石锅"的代名词；

● 增加目标消费者对品牌和产品的好感度和兴趣关注度，加大固有用户的黏度、吸引新用户；

● 提升目标消费者对新品优惠券的兴趣，提高优惠券的到达率；

● 通过微信逐步开始建立用户关系管理体系。

2.0 洞察与战略 Insight and Strategy

1."即兴消费"

"即兴消费"是快餐行业消费的一大特点，快餐行业的目标受众以年轻白领和学生群为主，是爱上网、爱玩、爱八卦、爱新鲜事物、爱自拍的人群；消费者对于快餐品牌的选择有一部分是既定习惯、具有比较明确的偏好，但更多的是短决策：一个临时简单的念头就足以决定结果。从另一方面来讲，每个消费者要面对的选择是很多的，从洋快餐到民族品牌，从汉堡包到盖浇饭等等。这些行业特质决定了"抓住目标消费群的兴趣点，获得他们的关注度，增加他们的好感度"的营销和传播方式是屡试不爽的。

2.目标消费者微信以及 APP 使用偏好

面对微信 5.0 的限制、优惠券繁多及送达率低、品牌竞争激烈等市场营销现状和难题，吉野家另辟蹊径，结合当代年轻人爱自拍、打游戏的特点，并利用现下"白衬衣帅哥"这一社会热门话题，打造"最外貌协会"的品牌营销：通过创意微信优惠券（凭脸吃我＆疯狂帅锅）＋明星效应（任重代言）＋线下引导（京津冀所有门店餐桌桌角广告宣传推广）＋口碑传播（白衬衣帅锅日——帅哥换帅锅）的方式，成功地使用微信 5.0 订阅号进行 O2O 营销；与传统营销手段相比，大大增加了目标消费群的认知度、好感度和参与度，提高了新品促销优惠券的到达率和使用率。

3.0 实施 Implementation

吉野家为新品"吉味米堡"和"吉味石锅"的上市重磅出击，将传统推广宣传方式（请任重代言、拍 TVC 广告、视频网站贴片投放、楼宇分众传媒广告投放、公交站牌投放等）与社会化媒体推广营销有机结合，通过代言人和广告投放快速将新品推入大众视线，再通过微信创意优惠营销和创意线下活动等形式增强消费者的认知度、好感度和兴趣度，扩大优惠券的到达率。

1. 推广项目一（2013 年 8—9 月）："凭脸吃我"——凭自拍照吃吉野家米堡

"凭脸吃我"是吉野家 8 月新品"吉味米堡"上市的主打活动：吉野家"凭脸吃我"微信优惠券抓住了目标受众群爱"自拍"的特点，将此转化为个性化的微信优惠券，趣味性强但非常接地气，而且易于操作，容易引起消费者的兴趣、关注和参与。

2. 推广项目二（2013 年 9—10 月）："帅哥换帅锅"系列推广——"凭帅哥"换"吉野家大帅锅石锅拌饭"

想要在市场上琳琅满目的石锅拌饭中有辨识度，吉野家为自家的石锅拌饭取了个"小名"，叫"大帅锅"，之后则推出"帅哥换帅锅"系列推广传播活动（包括："疯狂帅锅"、"白衬衣帅哥日"、"任重表情包"），要将"大帅锅"="吉野家石锅拌饭"这个认知让消费者记住。

● 具体执行第一步：APP 互动游戏 "疯狂帅锅"

吉野家创意微信优惠券 APP "疯狂帅锅" 是一款互动性更强的接食材游戏，消费者在玩游戏的过程中也会对吉味石锅有一个更深层次的认识。同样的易于操作、接地气，但趣味性更强、更具挑战性。消费者进入游戏界面后有两个游戏可选，对应的是吉野家推出的两个口味的石锅拌饭。

游戏也非常注重互动的细节和消费者体验，在整个游戏的过程中，任重手中用于接食材的石锅也是从空到满；此外，游戏还进行了速度由慢到快、加大难度、加时、双重得分等设置，可以让菜鸟和游戏高手都在游戏中得到乐趣，这样对于获得的优惠券也会更加珍惜，有利于提高游戏的参与率和优惠券的使用率。

● 具体执行第二步："帅哥换帅锅" 之——"吉野家白衬衣帅哥日"

吉野家石锅拌饭上市促销阶段（2013 年 10 月 13 日至 11 月 8 日）策划了一个 "白衬衣帅哥日" 活动：每周四有一家北京的吉野家门店（西单明珠店、

图 4　微信活动页面

魏公村店、望京店）会全天进行"白衬衣帅哥日"——给每位穿白衬衣的男士免费赠送一份石锅拌饭。

该活动通过吉野家官方微博、微信首发，并进行了一系列网络推广传播，包括：新浪微博知名段子手和意见领袖发帖晒照片引发微博热议、原创漫画登上新浪微博热门排行榜、各大媒体网站新闻发布、BBS论坛口碑传播、视频推广等。

● 具体执行第三步：疯狂表情——吉野家限量版"任重表情包"

为进一步调动任重粉丝群的力量，吉野家制作了五款微信聊天"任重表情包"，增加任重粉丝与吉野家的黏度。

3. 创意微信优惠券APF推广重点

O2O门店推广，实用性强，直接转化为购买力

能够把线上和线下有机结合，才能发挥微信营销的效果最大化。吉野家在活动参与地区所有门店都进行了活动宣传，从线下反推到线上再导入线下。消费者到店扫描二维码玩"凭脸吃我"或"疯狂帅锅"，立即获得优惠券，可立即使用，直接刺激消费，转化为购买力。

4. 在微博上利用明星效应、意见领袖力量，以点带面快速传播

@任重主动转发@北京吉野家官方微博活动；@北京吉野家官方微博与@任重官方影迷社开展多元化的合作，利用明星的力量在粉丝中进行传播；此外，邀请知名美食达人@胖星儿@王子强WANGZIQIANG等意见领袖率先体验，迅速在网络上开始传播推广。

5. 微信朋友圈分享，进行口碑传播

无论"凭脸吃我"还是"疯狂帅锅"，活动中的优惠券都是以二维码的形式存在，可重复扫描使用，吉野家鼓励消费者将自己的优惠券分享到朋友圈，与朋友一起分享这份优惠；并通过朋友圈这个网络上信赖度最强的口碑传播平台，形成与友同乐的感觉（类似微信打飞机游戏的传播），引导更多消费者的参与。

"疯狂帅锅"将分享做到更好，在游戏结束后会产生分数排行榜（"疯狂帅锅榜"），网友喜欢跟朋友、家人一起比赛，看谁的分数更高；所以这个活动的人均参与数会达到5次之高。不少网友反映，爸爸和妈妈或者老公和老婆都是一起玩、进行比赛的。

4.0 商业目标实现衡量 Performance Against Objectives

目标一：提高新品知名度和认知度

"吉味石锅"和"吉味米堡"已经成为吉野家自经典"牛肉饭"后迅速被大众记住的两款产品；"大帅锅"在大众眼中已经变成吉野家石锅拌饭的代名词。

目标二：增加目标消费者的关注度、好感度和黏度

吉野家这一系列创意营销传播效果：

- 微博讨论数：102400多条讨论；
- 正面评论率：84.6%；
- 正面关注和影响人群：5000万；
- "凭脸吃我"微信活动唯一参与用户：13132人；人均参与次数：2次；
- "疯狂帅锅"微信活动唯一参与用户（截至目前）：16273人；人均参与次数：5次；
- "白衬衣帅哥日——帅哥换帅锅"活动也在微信宣布的第二天就有消费者慕名前往餐厅参与活动，也有网友自发在大众点评中进行号召。

目标三：提高优惠券的到达率

"凭脸吃我"仅4天就收到7000多张图片参与，总优惠券下载领取数为18093次。

截至目前，"疯狂帅锅"优惠券下载领取数达80653次，很多消费者反映会与朋友或家人比赛玩"疯狂帅锅"赢免费石锅优惠券，并且会把获得的优惠力度比较大的优惠券送给朋友。

目标四：通过微信逐步开始建立用户关系管理体系

截至目前，吉野家通过两次新品上市微信推广活动，官方账号粉丝增长超过两万。在此之前，吉野家官方微信刚开始建立，粉丝基数非常低；现在，吉野家官方微信已经织攒了一群黏度和活跃率非常高的用户群，为吉野家建立微信用户关系管理体系打下了良好的基础。

【在线延伸阅读】

品牌 APP 营销指南 2014 年—2015 年。

电子商务 * 母婴 * 达能

天猫双十一，"电子商务"迈向"数字商业"

导语 在电子商务业务比较庞大的公司中，电子商务已经成为一个独立的事业部，拥有自己的数据分析以及营销团队。然而大部分的"营销"缺乏互动营销的经验。同样的现象也出现在营销代理的服务上，品牌需要精通电子商务以及数字营销的人才，也同样需要兼顾两种服务的营销代理。如果大胆畅想，未来 DIGITAL BUSINESS 会独立于传统业务，并拥有真正的数字营销、销售、客户关系管理的子部门吗？我们拭目以待。

2012 年的双十一，由淘宝与天猫共同发起的电商狂欢落下帷幕，在 24 小时实现了 1 亿零 580 万笔交易，总销售额 191 亿元，是 2011 年双十一 33.6 亿销售额的 5.7 倍，而 2012 年整个阿里直指 300 亿元大关。双十一已经成为中国消费者买到优惠商品的一个重要"场合"，如何利用好双十一的影响力，把品牌的认知，营销力做大？这是像马修这样走在最前沿的营销人思考的问题。

一、电商，价格不是未来，最重要的是 SHOPPER BASE

对达能公司电子商务经理 Matthew Ding 来说，双十一不是"一天"，而是长达三个月的"营销战役"。作为荷兰婴幼儿奶粉第一品牌的诺优能（牛栏），从 8 月开始，就开始了和天猫的紧密合作。今年诺优能将携手荷兰皇家航空等在内的多家航空公司，把荷兰当地原产原装原罐的诺优能奶粉通过空运新鲜直送中国，直供天猫双十一促销，为中国妈妈和宝宝带来新鲜实惠的原装进口荷兰奶粉。通过这种合作方式，只需十小时原产原装原罐的奶粉就能到达中国，比传统的海运方式节约了至少五周的时间，中国妈妈们可以拿到比以前至少新鲜两个月的奶粉。

Matthew 用"跳岛战"来形容 Shopper base 的累积过程。从八月份开始通过活动积累第一批消费者，在推算出消费周期后，开展第二轮、第三轮等后续的活动，最终引导至双十一的天猫，并在那个时间点引爆。Matthew 说："奶粉，作为一个购买决策周期较长的品类，不可能靠一天的优惠完成消费者的转化。重要的是利用双十一的影响力，来提高自身品牌的认知度、影响力以及 Shopper base"。

二、电商不是 PC 端，而是用一个先进的 IT 技术把购买融入到每行每业

打破线上线下商业界限也是这次双十一天猫的一个重要方向，天猫整合覆盖全国 1000 多市县的 3 万家线下门店，通过天猫无线客户端与线上打通，为用户营造线上线下共同的购物体验。

"如果去天猫部署在便利店和社区的自提点，消费者会发现，自提点不光可以提货，还可以直接下单购买诺优能的产品了。"Matthew 透露。"这对便利店来说，拓展了业务品类；对诺优能和天猫而言，我们品牌的曝光和销售渠道也得到了延伸。"

天猫也在今年推出了"周期购"的功能，在"双 11"期间启动先预付费后分期配送的周期购业务。天猫方面透露，目前上线的周期购可以称为预售模式的进一步升级，它的深度普及将实现真正意义上的 C2B。未来，它还将成为阿里打通线上线下，实现无线端购物的重要突破口之一。未来，用户在超市

用手机扫商品二维码，就能在天猫进行购买，商家按照需求每月或者每季度一次配送粮油酱醋、牛奶、婴幼儿奶粉以及生活必须品如牙膏、卫生纸、清洁用品等。

三、社会化电商的可能

实际上，除了周期购，今年天猫上市的品牌站项目也是一个大胆而有野心的尝试。今年上半年，天猫宣布启动"旗舰店升级计划"。旗舰店升级到"品牌站"后，将新增品牌互动营销、导购、供销网络连接等六大业务功能。这也是天猫从之前纯粹的"货架式"销售模式转向社交商务的具体动作。天猫副总裁王煜磊表示，这意味着天猫正在尝试从简单的线上销售，开始向"社交商务"的模式转变。所谓"社交商务"模式，是指电商平台不仅具有销售职能，还将具有社交互动的功能，并且在大数据的支撑下，能实现数据化运营，让数据成为品牌商的决策依据。

诺优能也是第一批建立品牌站的品牌，双十一营销的主战场也设在天猫诺优能品牌站。这符合 Matthew 对电子商务的认知。电商在大多数品牌主心中，仍然只停留在一个现代销售渠道。

2013 年上半年，阿里的两个动作——与新浪微博联姻，以及推出品牌站项目，令我们不得不重新思考社会化电商这个话题。在 Matthew 看来，电商在与社会化更好地融合后，它应该是一个集合消费者洞察、品牌认知、营销互动、效果评估的闭环平台。

这个战略方向在今年天猫双十一的活动中亦有体现。天猫 2013 年准备了2 亿元红包用"社交化"的方式派送这些红包：用户抢到的红包可与好友分享，在好友得到分享红包的同时，自己的红包也有机会获得翻倍。天猫副总裁王煜磊表示，天猫与新浪微博用户体系已经全面打通，用户在新浪微博上的好友关系，将成为红包流动的基础，用手机端的红包玩法，将把现实社会关系中身边的人关联起来。"社交化"派发红包的背后是天猫对"关系链"的获取，强弱关系将会成为非常重要的用户数据。

四、"电子商务"迈向"数字商业"

在电子商务业务比较庞大的公司中，电子商务已经成为一个独立的事业部，拥有自己的数据分析以及营销团队。然而大部分的"营销"缺乏互动营销的经验。同样的现象也出现在营销代理的服务上，品牌需要精通电子商务以及数字营销的人才，也同样需要兼顾两种服务的营销代理。如果大胆畅想，未来 DIGITAL BUSINESS（数字商务）会独立于传统业务，并拥有真正的数字营销、客户关系管理的子部门吗？我们拭目以待。

案例研究（Case Study）

吉列：性感湿剃 2.0 天猫平台合作，整合社媒提升电商销量

导语：

品牌如何通过跟电子商务平台合作，整合社媒提升电商销量？在传统的思维模式下，品牌营销和最终销售从策划到执行都是分离的。对于品牌来说，品牌营销投入并不直接有助于销售，而销售所惯于采用的打折促销方式则不利于长期品牌形象。对于消费者来说，他们在社交媒体上和在终端品牌销售平台上（包括线下销售渠道和线上的电商平台）所得到的信息几乎完全不一致。本次吉列性感湿剃 2.0 的最大亮点在于引入电商，整合社会化媒体，更好地提升电商的销量。

营销战役档案

公司：宝洁

品牌：吉列

代理商：埃特公关 @PR

行业：理容类

撰写：@PR Sexy Shave 2.0 Project Team

Sally Luo, Public Affairs Supervisor,@PR

框架设计及编辑：SOCIAL ONE

　　继 2012 年发起的苍井空性感湿剃话题传播获得空前成功后，吉列希望在 2013 年进一步强化品牌与"湿剃性感"概念的联系，为此"性感湿剃 2.0"事件营销于 2013 年 11 月正式启动。吉列邀请气质女星高圆圆倾情演绎了"性感湿剃"视频，通过形象清纯的女神高圆圆不同以往的性感表现反差，让公众看到一个与众不同的高圆圆。将单纯的商业营销转变为娱乐新闻以吸引消费者眼球与讨论，同时 360° 结合社交媒体、传统媒体以及名人互动炒作传播，将明星与品牌的一次纯商业合作打造成为真正的娱乐事件，瞬间引爆网络关注，从而引发了目标消费者的关注及议论并进一步引发主流媒体主动报道。

　　此案例亮点在于品牌将媒体传播的效应带入销售渠道，带来了超过 16 亿的累计曝光量，3000 家媒体对活动进行了自主报道，活动期间吉列天猫旗舰店存货也全部售完。而在 2013 年 12 月 22 日圣诞节来临之际，吉列与屈臣氏双赢合作再组织了一场名为"最性感的圣诞派对"落地活动，高圆圆现身现场与媒体及参与互动赢得机会的消费者亲密互动，教导消费者如何正确"性感湿剃"，引来媒体后期报道和巨大曝光量。

1.0 市场背景以及商业目标 Campaign Background

作为中国手动剃须市场的领导者，吉列一直以来致力于让中国更多的男人关注和使用手动剃须，但是市场当前面临一个重大的挑战：最新的调查表明电动剃须正逐渐成为男人的首选。如何让年轻消费者转变剃须习惯，普及"湿剃"（手动剃须）的概念成为吉列最大的挑战。然而，单一化地突出产品本身的功效，已经远远不能打动并且吸引电动剃须刀的使用者。吉列急需一个切入点，将消费者的吸引力从产品诉求上升到情感诉求，通过男性消费者本身关注或感兴趣的事件引起他们对手动剃须的关注。

那么"剃须"，一件对普通消费受众来说极为日常和平淡的事，如何才能将其变成一个社会性热门话题？通过前期对男性消费受众同龄层的女性们影响的调查显示，在女人们眼里："湿剃使得他更性感，这是他最吸引我的一刻"。为此，2012 年年底，吉列"性感湿剃 1.0"项目应运而生：从日本女优苍井空在新浪微博上抛出"想给一位胡子多的作曲老师送礼"的困惑开始，高晓松、何炅、杜海涛、黄健翔、李维嘉甚至芙蓉姐姐们纷纷加入这场空前的剃须大讨论，众多明星的参与瞬间让"干湿性感大 PK"登上新浪的热门话题排行榜。一场前所未有的干湿大 PK，只为从女性的视角让男人们明白：在女人眼中，湿剃的男人更性感！

爆发性的话题引发大量电视媒体、网络媒体、视频网站自发传播报道，307 位认证达人参与 #干湿性感大 PK# 讨论。与此同时，吉列锋隐超顺全面上市，立刻成为男人性感湿剃的首选，直接产生了吉列历史上最高的月度销量。

为了巩固"性感湿剃"概念，同时吸引更多男士加入手动剃须的行列，2013 年 11 月吉列正式启动"性感湿剃 2.0"战役。整个团队面临的挑战已不仅仅停留在如何吸引更多男士加入手动剃须的行列、选择怎么样的意见领袖，更意味着能否打破"性感湿剃 1.0"战役所取得的辉煌成就。同时，如何打造电子商务与传统公关的整合传播平台，通过线上线下深度互动，将吉列的话题传播与电商数据相结合，更好地实现话题到电商销量的自然转化也是整个团队的挑战和目标。

2.0 洞察与战略 Insight and Strategy

洞察

对于中国广大电动剃须刀的使用者而言，手动剃须是"烦琐"而又"不方便"的代名词。近些年来，越来越多的中国男性为了"图方便"选择使用电动剃须。显而易见，从传统的产品功能信息传达，已远远不能与消费者产生共鸣。吉列迫切需要一个让消费者回归手动剃须的理由。

为了验证"在中国女士眼中，手动剃须的男人更性感"，整个团队策划了一场无品牌露出又有趣的实验：两位帅气的双胞胎分别采用手动剃须和电动剃须的方式呈现在40位中国女士面前，34：6的强大对比显示，在中国女士眼中，湿剃的男人更性感！

战略

摆在整个团队面前的挑战无疑是：1. 怎样让手动剃须摆脱"烦琐""不方便"的形象，从而在2012年"性感湿剃1.0"项目成功的基础上，进一步让更多使用电动剃须的中国男士重拾"吉列"，持续品牌的销售增长。2. 如何在社交网络上缔造比吉列"性感湿剃1.0"项目更强大的话题舆论。

基于吉列"性感湿剃1.0"关键词"性感"，"性感湿剃2.0"整个策划大方向如下：1. 进一步协助吉列强化"湿剃的男人更性感！"概念，同时在消费者受众心中产生"湿剃"的画面感。2. 为了超越吉列"性感湿剃1.0"项目，意味着需要更强大的感染力、传播力和互动力。3. 影响越来越多的电动剃须者将"湿剃"作为他们的日常首选。

为此，整个团队揭露"湿剃"的另一个"传说"：中国女士认为看着男士"湿剃"的过程也是异常性感的——"女人，即使是女神，在面对'湿剃'过程中的男人，也会变得极度疯狂！"

整合营销传播方案

1. 社交媒体引发热点并扩散

"高圆圆湿剃门"视频一经网上"泄露"曝光，立即吸引公众视线并引发排山倒海似的讨论，成为新浪、百度等最热门的话题之一，视频连续被包括门户、视频网站、新APP、微信、微博等各渠道主动转载发布；之后更多的媒体、明星、意见领袖同步介入参与—高圆圆自身澄清—真相公布，完整版电视广告视频发布。又有谁能够猜得到，这一连串貌似"真实的娱乐事件"背后的主导者正是吉列呢？团队成功将一场商业营销炒作演变成"完完全全""引发全民探讨"的真实的"圆来无法阻挡"的娱乐事件。

2. 社会化电子商务及传统零售业的共同参与

回顾吉列"性感湿剃1.0"，通过制造话题获得京东商城的销售转化对于整个团队是个可喜的意外。给吉列带来很大的启发，是话题引导过程中一次偶然的产品露出，带来电商平台销售数据出乎意料的好结果。于是团队决定在吉列"性感湿剃2.0"策划启动初期便让社会化电子商务及传统零售行业共同介入其中，在初始设计中便尝试让天猫等电商平台参与到话题中并参与话题炒作，同时高圆圆与天猫用户互动从线上带入线下，再将如屈臣氏等线下渠道用户通过互动带到线上，共同为吉列带来线上线下可喜的销量。

此外，话题的传播与旦商数据相结合，让吉列"性感湿剃2.0"的营销活动更好实现话题到电商销售的自然转化。吉列"性感湿剃2.0"在策划过程中，成功将品牌概念与天猫数据进行完美结合。在吉列提出"手动剃须的男人更性感"这样一个概念时，品牌想进一步洞察什么样的男性群体会经常使用手动剃须呢？于是天猫运用其线上销售数据进行挖掘和分析，得到这样一个发现：购买手动剃须刀的男人会同时购买更多的女性相关产品，由此很容易理解购买手动剃须刀的男人也许正在追求女生，或许已经有了女朋友或家庭，因而他们有着和女性更亲密的关系、更受女生欢迎。基于这样的洞察，电商适时为品牌发声，无缝嵌入到话题中，实现自然融入，而且吉列"性感湿剃2.0"营销战役恰逢"双十一"，由此带来了前所未有的高销售转化。

3.0 实施 Implementation

1. 一场精心策划的"娱乐事件"团队率先选择在"新浪娱乐"微博账号上曝光"高圆圆湿剃门"的视频，拉开了这场精心策划的"娱乐事件"帷幕。从一个神秘男子手机视频偷拍的角度，表现了高圆圆穿着白色衬衫在玩泡沫剃须时的疯狂，与之前大众面前的她风格完全不同。这个神秘男子是谁？到底是什么原因让女神高圆圆展现出如此奔放的一面？一时之间，网民转发与评论如潮水般袭来，他们更自发在百度百科上建立"高圆圆湿剃门"这个专有名词！事实证明，团队为了打造"湿剃更性感"这个无品牌植入的话题是非常成功且大胆而创新的，网民们的好奇心是否已经足够让吉列走到台前了呢？

2. 明星、媒体、意见领袖的共同参与"高圆圆湿剃门"的话题爆发式增长引来了各路明星、意见领袖的纷纷加入讨论。高圆圆工作室也顺势加入，为了满足网民的好奇心，主动对外公布了高圆圆与吉列的合作关系。多达7家传统电视媒体也同时自发播出了"湿剃门"视频。门户网站、视频网站、新闻客户端、微信和微博等各种媒体平台自发、免费报道了相关内容，一时之间，全民娱乐。

3. 吉列品牌适时露出，活动达到高潮。团队依旧选择"新浪娱乐"的微博官方账号公布"湿剃门"的完整版视频，吉列新浪微博官方账号同时对外公布高圆圆与吉列的合作关系。作为电子商务合作伙伴的天猫，更是对外发布了一份有趣的消费者行为调查报告，显示越来越多的中国女性消费者乐意看到男士选择手动剃须，并且设置将流量导入吉列天猫官方旗舰店。活动期间吉列天猫旗舰店存货全部售完！

4. 线上、线下共同冲击销量作为整个战役的收尾活动，同时为了达到刺激线下销量，吉列联合线下零售伙伴屈臣氏还组织了一场名为"最性感的圣诞派对"落地活动，高圆圆现身北京与媒体及消费者亲密互动，更在现场教学"性感湿剃"，亲自指导来自天猫的幸运消费者正确的剃须步骤和方法。高圆圆更是贴心地指导他涂匀泡沫、近距离比划正确的剃须姿势，令其成为当天全场最性感也是最幸福的男人。最后，吉列与高圆圆还为屈臣氏会员送上亲笔签名的吉列性感湿剃礼盒和圣诞祝福，并揭开后续的"电动换手动"活动。媒体后期的狂热报道和巨大的曝光量也让"性感湿剃"这个主要信息贯穿各种渠道，传递给选择不同销售终端的消费者。

4.0 商业目标实现衡量 Performance Against Dbjectives

吉列"性感湿剃2.0"项目凭借强大的消费者洞察力、创意构思及完美的执行力，达到了前期指定的所有目标，包括：

- 影响力

——吉列最成功的项目之一：超过16亿的累计曝光量，覆盖人数超过2.37亿。与吉列"性感湿剃1.0"项目相比，整体数据增长率达到200%。

——95.8%搜索"高圆圆湿剃门"的网民为男士（百度指数），几乎每三位中国男士就有一人知晓这个话题。

——互动量超过450000，与吉列"性感湿剃1.0"项目相比，增长超过95%，累计获得超过3064个媒体报道，包括所有主流媒体、视频网站、移动客户端等。

——百度百科"高圆圆湿剃门"及百度指数的投入费为0。

——在极短的时间内，登上新浪微博最热门话题排行榜及百度搜索前十关键词。

- 销售数据

——吉列锋隐剃须刀当月出货量为年平均月份的13倍。

——连续两年成功"狙击"电动剃须消费市场，使更多的中国男士加入手动剃须的行列。

5.0 创新和经验学习 Innovation & Lessons Learned

社会化电子商务时代到来？

在传统的思维模式下，品牌营销和最终销售从策划到执行都是分离的。对于品牌来说，品牌营销所投入的钱并不直接有助于销售，而销售所惯于采用的打折促销方式则不利于长期品牌形象。对于消费者来说，他们在社交媒体上和在终端品牌销售平台上（包括线下销售渠道和线上的电商平台）所得到的信息几乎完全不一致。

本次吉列性感湿剃 2.0 的最大亮点在于引入电商，整合社会化媒体，更好地提升电商的销量。

1. 引发关注

● 制造高圆圆"湿剃门"娱乐事件，引发网友关注

2. 持续放大

● 大量名人、意见领袖参与话题讨论

● 媒体全方位报道

● 天猫介入，推荐话题中的产品

3. 品牌与天猫联手介入

● 联合天猫发出购买行为报告——湿剃的男人更性感更受女性欢迎 • 媒体与意见领袖持续扩大传播

● 为吉列天猫旗舰店引流

4. 促进零售与天猫旗舰店销量

● 结合线上线下发起双 11 促销话题

● 号召消费者发出产品试用体验心得或照片

● 名人、媒体与天猫共同协助引流

5.线下活动，持续放大

- 发起线下明星活动，进一步促进口碑
- 后续路演活动为零售渠道增加销量

案例研究（Case Study）

碧浪：碧浪洗衣凝珠，微信战役带来 20%电商购买比率

导语：

"提供真正的价值，而非仅仅有趣"——现如今，"有用"的品牌比"有趣"的品牌更能获得消费者喜爱。SOCIAL ONE 研究发现，成为有用的品牌往往在数字媒体上能够获得消费者更大的青睐，并为实际销售带来正面影响。睿域营销咨询（Razorfish）的研究也发现，在中国，88%的消费者都认为，相对于有趣，有用更能打动他们。"有用"可以有几种表现形式，可以是令生活更便利的，或是提供一些价值的交换。碧浪本次战役正是如此，品牌用给消费者带来实际好处的方式，鼓励 UGC，促发消费者自发聚集好友的力量。

"利用微信这个使用门槛低，普及率高的工具，更好地与消费者互动，提升 ROI"——就渠道选择而言，微信不光普及率高，且强关系的属性十分适合此次活动的机制。本次的战役机制，首先保证了消费者和消费者的好友们都会点开页面一看究竟，至少对这个产品和其活动有基本的认知，留下印象。其次，这个活动有明确的引导性，通过"集脏衣获凝珠"的活动规则引导消费者通过转发获得礼品，让消费者自发为品牌做宣传。再者，不同于微信中有过传播的邀请好友打开宝盒等活动，并不是每个好友的点击都能带来贡献，这无疑增加了活动的难度和趣味性。最后，碧浪并没有忘记销售的转化。微信活动中设置了电商链接，活动也带来电商的销售的提升。

营销战役档案

公司名：广州宝洁

服务品牌：碧浪

代理商：北京宣亚培恩国际公关顾问有限公司

行业：衣物清洁与护理

撰写：Red ZHANG, BRAND-Communications Manager | P&G Fabric & Home Care Great China

框架设计及编辑：SOCIAL ONE

1.0 市场背景以及商业目标 Campaign Background

"80后"夫妻的家务活是如何分担的？大都是独生子女的他们，事业正处于上升期，工作压力大，连被子都不愿意叠，对于洗衣服这件事更是互相推脱。随着中国社会离婚率的上升，家务和家庭幸福之间的紧密关系逐渐浮现。2014年，碧浪推出了机洗神器——洗衣凝珠，其主要用户即是"80后"小夫妻。因为无需计量，一颗就可洗净6—14件脏衣服，连男人都能胜任洗衣服，因此被用户称为"80后"小夫妻幸福的秘籍。

碧浪洗衣凝珠作为新一代洗衣产品首次登陆中国市场后获得了巨大市场反响。碧浪品牌在短短的四个月内通过一系列线上线下的推广活动在中国市场上赢得了非常高的消费者认知度。

然而面对这种完全不同于传统洗衣产品——洗衣粉、洗衣液的全新洗衣产品，绝大部分的消费者还从未曾尝试过碧浪洗衣凝珠，同时也有很多消费者并不知道洗衣凝珠该如何使用、与传统洗衣产品有何不同。在消费者对产品缺乏深度认知，产品单价高于传统洗衣产品的背景下，碧浪洗衣凝珠面临的问题为很多有兴趣、想尝试的目标用户就仅止于对产品产生好奇，而不会立刻进行购买。于是碧浪品牌在上市四个月之后，将产品推广重心从提高产品认知度转移到提高目标受众的产品试用量和消费者转化率上。

2.0 洞察与战略 Insight and strateg

2014 年 8 月底，碧浪洗衣凝珠准备了 20 万颗免费洗衣凝珠发放给目标受众做产品试用。为了使活动影响力最大化，提高受众参与度，同时达到品牌口碑传播的效应，碧浪品牌选择了微信平台的 HTML5 页面活动作为试用发放平台。通过简单、灵活且具有社交性的游戏机制，充分利用微信好友间的强关系链，最大程度地引导目标受众参与活动。

此次"碧浪洗衣凝珠全民抢幸福"活动上线之后立刻受到了广大消费者的追捧，20 万颗洗衣凝珠产品在 58 小时内被"一抢而空"。在活动中，一共有超过 34 万消费者与品牌进行了深度互动，20 万消费者分享了活动页面到朋友圈和朋友群，最终创造了超过 200 万次的互动，并有两万个消费者获得了十颗装洗衣凝珠产品作为试用产品。

战略是利用微信平台的强关系链，通过消费者利益的引导，转化消费者在朋友圈的自发传播变为品牌传播，从而实现多层次布朗传播，并将凝珠产品送到真正需要凝珠的消费者手上。

1. 谁是获得凝珠的"80 后"小夫妻

碧浪真正的目标用户是活跃在微信上，喜欢在朋友间互动，喜欢享受生活，遇到新鲜优质的潮流单品会及时与朋友分享的人。他们习惯于尝试新鲜事物，也习惯于从社交平台上汲取最新鲜的咨询。

2. 活动机制简单、有趣、具有社交性

除了量大、切实的免费产品作为活动诱导，20 万颗洗衣凝珠免费抢活动的机制也帮助了它的成功。用户参与活动后即获得一颗虚拟洗衣凝珠，只有号召微信好友帮忙点击积攒凝珠，集齐十颗之后，用户才能免费获得十颗装洗衣凝珠作为试用奖品。

3. 真正引起关注的解决办法，是考验感情

微信朋友圈最大的特点和优势就是强关系链，与微博上的互粉不一样，微信上加的是"好友"，分享到朋友圈的是一个用户觉得有社交价值的，与好友之间产生互动达到社交成果的产品或者内容。基于这一原因，抢凝珠的文案设计为"测测谁是你的真朋友"，并号召好友来帮自己抢凝珠。所以，当一个用户向好友求助之后，好友的点击可能会帮助该用户获得一到三颗洗衣凝珠，也有可能会帮该用户用掉一到两颗洗衣凝珠。

3.0 实施 Implementation

20 万颗凝珠免费抢活动

提升用户对洗衣凝珠的认知、打造用户黏性，发给消费者试用装是最直接有效的方式。然而传统线下派发的形式，效率低、成本高、范围小。结合 O2O 和朋友圈 H5① 活动营销，通过微信活动引导消费者来抢洗衣凝珠，将品牌主动变为消费者主动，提升消费者的参与感与实际利益；引导消费者转发分享给好友，完成朋友圈裂变、扩散式传播。

行动一：设计互动性强的 H5 活动

用户参加碧浪的"全民抢幸福20万颗洗衣凝珠免费抢"活动，号召微信好友帮忙，好友帮忙（或帮倒忙），为了完成抢凝珠的任务，用户会分享到微信朋友圈，微博朋友圈等。任务完成后，用户填写收快递的联系方式和地址即可等待洗衣凝珠送上门。

行动二：媒体人加入活动传播

以往的微信营销活动，并不区分媒体人在朋友圈的传播力量，而是将其视为普通的目标用户。本次活动邀请了时尚集团等知名媒体人参加，通过他

---

① 万维网的核心语言、标准通用标记语言下的一个应用超文本标记语言（HTML）的第五次重大修改。HTML5 网站开发是现在很多移动应用程序和网站的选择。

们分享到朋友圈，碧浪的活动在媒体、公关、营销界赢得了高度的评价，这对于品牌活动的短期和长期发展都有着很好的影响。

行动三：线下活动积极配合

在微信朋友圈热火朝天的同时，碧浪在北京万达广场上举办了巨幅洗衣凝珠 3D 画的线下活动。通过一定的角度配合，消费者与洗衣凝珠的合影看起来就像被洗衣机的巨浪卷起，然而获得 3D 照片的方法也很简单，就是通过扫描参加此次的微信活动。从万达广场周边密集的办公楼、极高的人流到 3D 立体画较少见的活动方式，为微信活动吸纳了极高的人气。

4.0 商业目标实现衡量 Performance Against Dbjectives

目标一：精准找到目标用户

通过微信活动，碧浪精准定位了两万个对洗衣凝珠有兴趣，想尝试的目标用户和家庭。同时，碧浪微信粉丝增长率为 630%。

目标二：增加品牌的曝光度

此次微信活动有 34 万多的参与次数，也即通过不到短短三天的时间，碧浪洗衣凝珠在微信平台拥有极高的曝光率。

目标三：转化购买

任何营销活动，如果不能带动销售，那么我们就无法称其为成功。此次碧浪微信活动中还设置了电商链接，点击电商购买的比率更高达 20%。

5.0 创新和经验学习 Innovation & Lessons Learned

提供真正的价值，而非仅仅有趣

现如今，【有用】的品牌比【有趣】的品牌更能获得消费者喜爱。SOCIAL ONE 研究发现，成为有用的品牌往往在数字媒体上能够获得消费者更大的青睐，并为实际销售带来正面影响。Razorfish 的研究也发现，在中国，88% 的消费者都认为，相对于有趣、有用更能打动他们。【有用】可以有几种表现形式，可以是令生活更便利的，或是提供一些价值的交换。碧浪本次战役正是如此，品牌能给消费者带来实际好处的方式，鼓励 UGC，促发消费者自发聚集好友的力量。

利用微信这个使用门槛低、普及率高的工具，更好地与消费者互动，提升ROI，就渠道选择而言，微信不光普及率高，且强关系的属性十分适合此次活动的机制。本次的战役机制，首先保证了消费者和消费者的好友们都会点开页面一看究竟，至少对这个产品和其活动有基本的认知，留下印象。其次，这个活动有明确的引导性，通过"集脏衣获凝珠"的活动规则引导消费者通过转发获得礼品，让消费者自发为品牌做宣传。再者，不同于微信中有过传播的邀请好友打开宝盒等活动，并不是每个好友的点击都能带来贡献，这无疑增加了活动的难度和趣味性。最后，碧浪并没有忘记销售的转化。微信活动中设置了电商链接，活动也带来电商销售的提升。

互联网思维 * 美食社区 * 嘴角

品牌重塑，嘴角模式 * 传统饮食品牌互联网再造

导语 作为任何一家食品企业，可能都多少羡慕、眼馋甚至有点妒忌"黄太吉""雕爷牛腩"以及"三只松鼠"在 2013 年作出的成绩。他们可能也曾觉得疑惑，这些平日里不起眼的普通食品，为何现在火得一塌糊涂？当日这些企业肯定也希望自己的饮食品牌能像他们一样，借助互联网的东风，将品牌优势做大做强，成为下一个"雕爷""黄太吉"。然而，目前的市场上，"雕爷"或"黄太吉"仅仅是个案，"雕爷"背后深谙互联网营销之道的团队，绝大多数食品企业并不具备，这使得中国市场上大多数食品品牌仍然在用牺牲单品利润空间来换取市场份额。一味的低价策略虽能换来一时的价格优势和市场份额，但无形中损耗了品牌资产，长此以往企业必将陷入一种"要品牌还是要市场"的恶性循环。

2014 年正月的某段时间，在微信朋友圈（以年轻群体、品质生活爱好者为中心点）、豆瓣社区以及微博等社区媒体上，"嘴角咖啡 x 明谦制造"掀起了一阵小小的风潮。同样是极为常见的食品品类，"嘴角咖啡 x 明谦制造"开售第一天完成销售目标 34%，5 天就达到了销量目标，除此之外，"嘴角那些事"微博粉丝增高达 26%、微信 55%、豆瓣小站 392%；直接参与 #味觉关爱 # 社区媒体活动的用户高达 192 人。如果用一句话来总结"嘴角"的模式，那便是：帮助健康食品领域企业重塑品牌，帮品牌做文化营销。企业只需提供产品，最后实现品牌和嘴角共同的成长。那么嘴角是如何帮助品牌进行文化知识营销的呢？

一、自身搭建的健康知识与美食文化的互联网平台

正如 YOHO！（有货网）懂时尚潮流，穷游网懂旅行者，汽车之家了解购车者需求一样，嘴角作为一个专注于健康饮食文化的互联网平台，具备了垂直领域深耕文化营销和知识营销，这使其能以得天独厚之势通过说故事和知识营销，将用户从购买转向一种生活方式的体验。嘴角将"明谦"品牌的特色"挂耳包咖啡"进行重新定位、设计和包装，比如原创手绘外包装，把平日里走小众、小资路线的"挂耳包咖啡"重新投放到都市人的视线中，让广大消费者因为"嘴角制造"而与这个来自"明谦"的惊喜结缘、了解并开始尝试挂耳包。同时配合着二月份"情人节"的主题不失时机地选择进行节日营销，更有"限量赠送"的消息通过微博、微信和豆瓣等多个渠道进行预热宣传。在这一过程中，"明谦"的品牌形象被放大、产品被更多消费者所熟知，带动实际销售总额的增长；"嘴角"在为目标客户企业"站台"的同时还为"嘴角"平台不断累积用户和粉丝群。所有挂耳包咖啡皆是由合作方"明谦"制作和生产，"嘴角"做的是帮助品牌厘清一套营销方案并积极整合各方资源为其拓宽销路。除此之外，整个过程中，"嘴角"全程作为官方销售渠道为"明谦"站台，还联系了社交媒体上颇有名气的"留几手"等红人及意见领袖一同为挂耳包做宣传，有效地拓展了线下和线上的分销途径。短短不到一个月的努力换来的是，"明谦"挂耳包咖啡在"嘴角商店"这一独家在线销售渠道上线仅第一天，就完成了销售目标的43%！豆瓣上的营销广告全部超过该平台 CTR 的 benchmark（基准线），最高达到3倍多。

二、官方渠道主营 + 线上线下分销渠道支持

明谦咖啡对于嘴角模式更像一次试水，渠道拓展和移动端的作为在这次明谦咖啡的战役中并未全部展开。（更多可以期待嘴角接下来的案子）尽管如此，

我们仍然能从明谦咖啡的战役中看出嘴角模式的野心和潜力。在嘴角自有购买渠道流量有限的情况下，嘴角利用过去积累的各种线下资源作为分销渠道，同时尝试与风格定位类似的垂直电商及 C 店合作，比如明谦淘宝店、哇噻网、8090DIY、线下的渠道餐厅如酷寿司、谷儒精舍，形成线上＋线下的分销渠道网络，达到增加品牌曝光和销售收入的双重目的。除此之外，嘴角商店也尝试了在执行上将各种宣传手段做到尽可能高质量。其中值得一提的是嘴角平台自身的两个线下活动，嘴角真人烩和嘴角遇见爱。它们帮助嘴角走进人们的真实生活，形成真实的社区，而不只是停留在虚拟的线上沟通。

第一步销售前期积累人气。

嘴角没有采用转发 @ 三个好友的做法，而是以"嘴角"的方式和调性去互动。基于这次的手绘主题"味觉关爱"，嘴角以低门槛的方式引导用户借助嘴角挂耳包表达彼此之间的甜蜜话语，收到了用户非常自然并且富有创意的分享，特别在嘴角的豆瓣小站上赚足了眼球。

第二步意见领袖礼品派发。

虽然之前褚橙的案例已经基本把"意见领袖礼品派发"玩到极致了，嘴角还是尝试在执行层面做出一些新意。首先保证所有意见领袖在嘴角商店开售当天收到嘴角赠送的咖啡，其次在可控范围内保证咖啡在下午 2—3 点（即大家下午最犯困的时候）送达，最大化咖啡本身的效果。

第三步沟通，人性化服务。

借"挑款师"的概念，把嘴角商店的客服统一叫作"挑嘴师"，对用户进行售前和售后服务。没有官话和复杂流程，挑嘴师们用实实在在的加班加点实现了最高效的服务，没有发生任何投诉或退货。

第四步优化硬广告投放。

越是有限的预算，越要对硬广告效果精打细算。鉴于前期豆瓣用户对嘴角咖啡的良好反响，嘴角追加了一次硬广告投放，并与豆瓣合作试验了三种不同广告创意轮播，根据豆瓣用户的喜好优化以达到最大 ROI。更重要的是，豆瓣

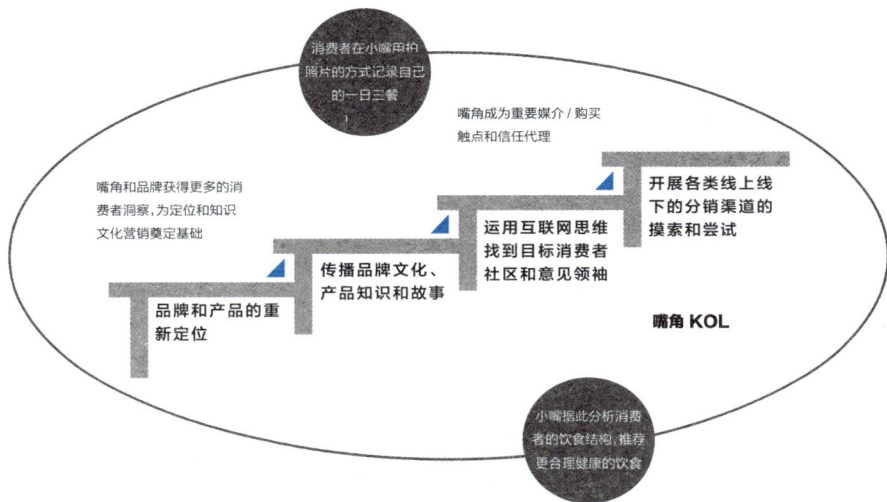

消费者在小嘴用拍照片的方式记录自己的一日三餐

嘴角成为重要媒介／购买触点和信任代理

嘴角和品牌获得更多的消费者洞察，为定位和知识文化营销奠定基础

开展各类上线下的分销渠道的摸索和尝试

运用互联网思维找到目标消费者社区和意见领袖

传播品牌文化、产品知识和故事

品牌和产品的重新定位

嘴角 KOL

小嘴据此分析消费者的饮食结构，推荐更合理健康的饮食

图 1　小嘴为品牌构建的成长之路

的硬广告投放不仅带来了粉丝和咖啡销量，还吸引了一些垂直电商和淘宝普通店铺、集市店铺店主主动要求代销。

三、自主研发的健康饮食管理应用（嘴角 APP）

嘴角在移动端的潜力也可以从 2014 年 3 月公司新推出的一款名为"小嘴"的 APP 看出来。这是一款健康饮食管理软件。它的简单之处在于，你用拍照片的方式记录自己的一日三餐，"小嘴"会根据你吃饭的情况对你的饮食是否合适做出反馈，比如最近吃寒性食物较多，"小嘴"就会提醒应该多吃点热性的东西，还会通过底层的中西医理论结合算法加上各类时令变量可以针对不同用户的体质和饮食习惯列出推荐食物。"小嘴"还可以连接自己的亲友，这样一家人就能分享关心彼此的饮食健康。"小嘴"也适合于"追求健康规律饮食的人"在乐一乐的状态中增加知识。"小嘴"还有一个特点，就是它会"长大"，随着你吃饭的次数和营养状况，慢慢长成一个健康的或者不健康的"小嘴"。

采访中，嘴角的创始人、首席执行官张伟说："……现在市场少一个数据，那就是每天吃喝的数据。如果你不记得一日三餐吃了什么，那么这将是健康管理非常大的漏洞。当我们有了这个基本数据以后，小嘴就比较了解你，如果你有跑步数据，未来也可以和小嘴数据对接，也可以链接其他你的健康监测数据，这就会形成一个完善的健康管理体系……用户在不同平台的个人数据应该可以彼此开放和互联，比如用户把自己的健康数据和食材采购数据也关联到小嘴之后，它就会告诉你去吃什么更符合你的口味又健康就更加容易和精准。就像豆瓣猜你喜欢看什么书一样的，数据积累越多猜得越准，我们希望小嘴能实现个性化的智能推荐。"

嘴角不但会帮助目标品牌和产品的重新定位优势所在，传播品牌文化、产品知识和故事，运用互联网思维找到目标消费者社区和意见领袖，培养他们成为品牌的爱好者，借他们之口去进行口碑营销。同时"嘴角"还会开展各类线上线下的分销渠道的摸索和尝试。而对于合作品牌而言，与嘴角的一次"亲密接触"就能从实践中总结和学习到更多营销经验、找准自己产品和沟通定位，还对确立目标客户和分销渠道有了更清楚的认识和感知。"嘴角模式"在扶持和帮助传统健康饮食品牌和产品通过与嘴角合作、在各类嘴角实践案例中体会和了解"互联网"和"社会化"思维，能更有信心和方向感地在互联网时代的企业转型中前进。

案例研究（Case Study）

九阳：One Cup 豆浆机借力韩寒 [ONE]APP，探索平台深度合作方式

导语：

转变传统的合作观念：

通过整个案例可以发现选择合适的平台合作不仅能创造出更受关注

的话题点，还能得到更多的平台资源支持。传统的硬广告合作作为话题包装，社会化媒体的营销和口碑传播能更深入地触动消费者。网民对于与自身相关平实的内容接受程度更高，自发地吸引消费者去了解他想要的信息能让他了解更深。

合理的利用传播资源：

前期的洞察策略固然重要，但是传播的节奏也不能忽视。合理地安排资源和传播力度，更能引起网民的自我转发。微信的影响力虽然没有微博显著且难以得到直接数据结果，但是随着移动端的增多和网民互动意识增强，这个阵地是不容忽视的。

内容的可传播性：

KOL 发布的内容更加与普通用户贴切或者幽默有趣，会得到意想不到的效果，反之广告元素过重则会遭到网民的反感。优化到每一个具体执行，将为整个策略实行得更为顺畅。及时抓住网民的自发两次口碑传播，调整传播策略，不仅有利于后续传播，还能得到更多的关注。

营销战役档案

公司：九阳股份有限公司

品牌：九阳 One Cup

代理商：Verawom

行业：小家电业

撰写：Matt Zheng, Business Director, Verawom

框架设计及编辑：SOCIAL ONE

在当今社会，越来越多的年轻人开始偏爱豆浆类饮品。人们已经开始形

成交指数：■豆浆机　■咖啡机

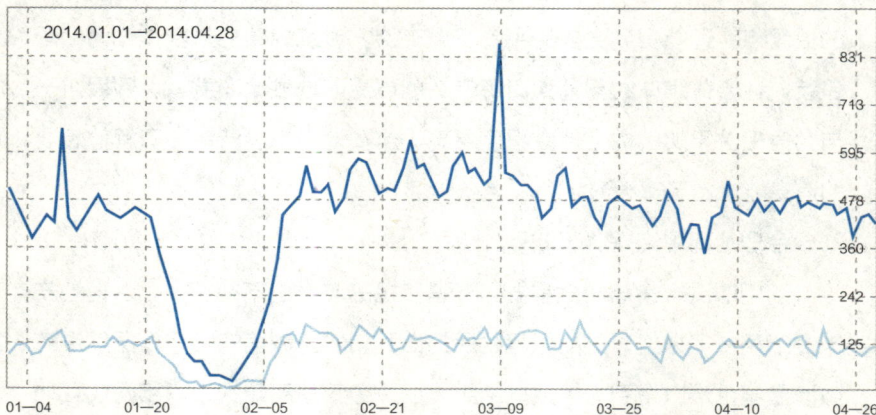

2014.01.01—2014.04.28

图2　豆浆机和咖啡机淘宝成交指数对比（2014.01.01—2014.04.28）

成一种观念，与咖啡相比传统豆浆更为营养更贴合中国消费者的饮用习惯。根据近两年的销量调查，同比咖啡机销量，豆浆机平均要高出75%，在"双十一"淘宝活动中豆浆机的搜索量约为咖啡机的9倍。

随着生活水平的提升，人们对日常饮食的卫生质量更为注重，并且伴随着自制豆浆机的技术成熟，越来越多的消费者开始选择在家自制豆浆取代购买豆浆。数据显示与去年同期相比上涨175%，搜索指数对比去年上涨330%，消费上涨趋势明显。但是，因为传统豆浆机需要自己准备原料而且单次制作时间长，这就造成了以都市白领为代表的年轻人群体因为生活节奏快，工作压力大等问题，难以每天自制豆浆饮用。

九阳豆浆机作为家用豆浆机领域的开拓者和创新者，为解决快节奏的消费者难以自制豆浆的问题，研制和开发了"九阳 One Cup 随饮机"，并且在新产品的首发阶段发起了一次主题为"30秒豆浆，就这么简单"的社会化媒体传播。整个传播计划包括与强势媒体平台"一个"APP的线上线下合作，以跨界合作为话题点进行营销推广，利用自有资源和平台额外资源发起讨论，这显著地提升了"九阳 One Cup 随饮机"在目标受众人群中的认知度。

整个传播计划实施后迅速引发人们的关注，最终得到了超过 2700 万的曝光量。数个微博 KOL 自发转载 One Cup 随饮机相关信息，大量普通用户自发参与讨论。目标消费者对于产品的认知度以及普通消费者对于产品的关注度均明显上升。产品也因此在首发阶段得到了良好的销量和可靠的数据反馈。

1.0 市场背景以及商业目标 Campaign Background

在全国家用豆浆机诸多品牌中，九阳凭借先行者的优势和豆浆机雄厚的实力占据着九成左右的市场，具有绝对垄断地位。但是家用豆浆机市场需求仍旧呈现持续增长的势头，而且小家电的普遍利润超过了 30%，越来越多的家电品牌进军家用豆浆机领域，九阳的龙头地位受到了挑战。

除去外部因素，传统豆浆机因制作豆浆耗时长、需要清洗等众多原因，部分消费者在购买后使用次数较少，甚至将其闲置，由此也导致传统豆浆机行业更新换代较慢。九阳需要找到一个新的突破点，带来新的利润增长，并且稳固九阳品牌在家用豆浆机这一市场领域的领导地位。

在 2013 年的双十一电商活动中，九阳策划了主题为"九阳真精"的社会化营销。整个传播以互联网为主，线上成绩良好，为九阳带来了更多的关注度和电商活动中显著的利润增幅。以此，九阳开始将传播的方向和策略朝着互联网转变。

在此背景下，九阳推出了针对都市中高端人群的"九阳 One Cup 随饮机"。它打破了传统豆浆机生产商一次性盈利的模式，料杯的后续消费将带来持续性的盈利。这款产品在如今的家用豆浆机市场拥有巨大的优势，30 秒做豆浆的产品理念将极大地吸引以都市白领为代表的消费人群，满足他们对于喝到又快又健康的豆浆的需求。根据公测阶段的数据显示，上海、北京、杭州的网民对于 One Cup 产品的关注度最高，购买 One Cup 的人群以高收入为主，年龄群集中在 31—40 岁，这与产品的目标受众是相吻合的。

如今厨房小家电市场中，与 One Cup 产品有相同产品理念的有以雀巢

（Nespresso）为首的胶囊咖啡机，但是九阳的根本目标并不是改变消费者饮用习惯，而是争取有自制豆浆需求的消费者。胶囊咖啡机购买人群虽然有重叠但是根本产品是不同的，两者作为非必需的厨房家电产品，人们还是从自己的饮用习惯出发的。所以并不构成直接的竞争关系，One Cup 存在于一个优渥的市场环境中。

唯一面对最大的挑战就是消费者对于新产品的认知度低、认知速度慢，以及新产品面临的产品质量、产品定价等问题。

面对这些挑战，本次营销战役的营销目标为：

1. 通过互联网的口碑传播提高产品知名度。

2. 使消费者更深度地理解产品以及加强好感体验分享。

2.0 洞察与战略 Insight and Strategy

纵观整个营销策略，是通过分析 One Cup 的目标受众，了解这个受众的特殊性，如果要让这个受众尽可能地听到品牌和产品的声音，该要如何做？选择一个合适的平台，但是并不仅仅把这个平台作为发布信息的资源，而是把这个跨界的合作作为一个话题点，把它作为传播的内容，来进一步延展出去。就结果而言，通过社交媒体的讨论，消费者对于产品的理解比传播前更深，认知度更高。

1. 品牌的受众如何获取信息

每个群体都有其特殊性，本次细化的目标人群为 30—35 岁的都市白领，这群人会以社会化社交媒体作为主要的信息接收渠道。但是以微博为例的互联网社交媒体，对于信息的传递是散射形式的，每天产生的网络信息量十分巨大，这群人对于这个媒体平台的资讯已经养成了一个难以深度记忆的习惯。而且随着 WiFi 的普及、移动端的崛起，他们渐渐地把注意力更多地投向移动平台，利用碎片化的时间去接收更大量但是针对性更强的信息资讯。因此就需要知道一个合适的平衡点，让自己能在最短的时间内传达出最强的声音。最终选择了"一个"APP，除却产品名称上的相同，"一个"的用户群体与品牌的目标受众高度契合，且与"简单"的产品理念不谋而合。而且这个平台的用户忠实度高，潜在资源丰富，平台形式更网络化以及拥有话题性的名人效应。

"一个"APP发布至今已有超过18000000的下载量，每天会有1200000以上活跃用户打开应用，其中大学及以上学历的用户为63%，18至33岁的用户为92%。他们普遍的特征是热爱生活，有丰富的情绪，会做出冲动的消费行为，并且他们对于新鲜的事物拥有极大的好奇心，敢于尝试，接受能力极强。他们的消费能力较强，有分享精神，强调生活情趣。

2.与强势媒体平台的强力合作

"一个"的影响力不仅仅局限于信息的传递，也不是框架在移动平台。所以与它的合作不应该是传统广告投放中与媒介平台的关系，而应该是更加的全方位，更深度的合作。人们需要看到一个话题点，与"一个"的合作本身应该成为一个话题中心。如何利用它的潜在资源，比如韩寒的话题性，线下餐厅的话题性，互联网平台的相关传播资源，制造一个引发讨论的话题，让它本身具有一定的可自我传播性。产品信息的传达将摆脱说教的枯燥，而新颖的产品理念又能合适地灌输到消费者脑中。

其中韩寒作为"80后"代表性人物，它的拥护者或者影响者的年龄阶段与品牌的目标受众相同。借助名人效应产生的话题性能让发出的声音更容易被关注，而且随着微博平台的崛起，韩寒在微博上的人气极高。既然以微博平台作为主要的发声平台，韩寒的隐性资源不可忽略。

3.巧妙借力引发热议

新浪微博，不可否认是当今中国社会化平台中的一个超级媒体，信息传播速度快，受众面广，而且对于有话题性的内容自我传播性极强，能像病毒一样迅速在网络上蔓延开来。这个平台对话题敏感性也极强，这就是为什么将这个阵地作为主要传播阵地。将One Cup和"一个"进行捆绑，让他产生一定的话题性。这样比单纯的传递产品的信息更容易令人接受，并且依靠多平台资源支持对整个话题产生助推作用，让人们更多地了解产品。

4. 真人试用评测

对于加强消费者好感体验，最直接有效的方法就是通过消费者身边的意见领袖对其产生正面影响。One Cup 作为高端厨房小家电，某种程度上来说它的购买属于目标人群的冲动性消费，产品了解到产品购买周期短。让消费者在最短时间内了解到产品的更多信息，产品试用和反馈是一种直观的方式，而且越是意见领袖信赖度越高，受众的接受程度也就越高。如何合理地安排资源，调配信息的传递，将会十分重要。

3.0 实施 Implementation

One Cup 的整体执行阶段是多媒体平台的有机整合，其中包括了线上的社会化传播、硬广告的投放、线下的产品支持以及口碑化的二次传播。

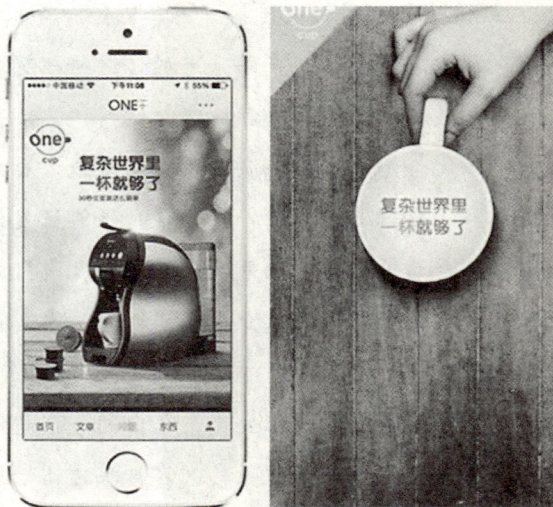

图 3　品牌产品在 "一个" APP 中的呈现

●执行一

根据"一个"APP 的平台特性，制作了开机页面一张，屏间页面两张，东西栏目一张，用于在"一个"平台上投放。这本身是线上硬广告的实际合作，"一个"用户与品牌目标群众有很多相似性，在这个平台上制作平面投放能得到很多有效的关注点。其次，"一个"的新栏目"东西推荐"每期推荐一个新奇有趣的产品，One Cup 出现在"东西推荐"上，既是对目标消费者的产品理念阐述，而且加强了"一个"和 One Cup 的联系，为之后宣传"ONE 推出周边豆浆机造势"。

●执行二

近几个月，对于韩寒新餐厅"很高兴遇见你"的新闻在网络上引发一定讨论，人们对于韩寒餐厅也表现出强烈的好奇心，通过与餐厅协商，将"One Cup 随饮机"放置在餐厅等位处，来的客人可以直接看到产品。并且，发起了等位免费赠饮的活动，等位的客人都能免费喝到豆浆，让一部分人直观地感受产品。并且撰写辅助的新闻稿论坛文章等揭秘性质的文字，以第三人称的角度去发现传播"One Cup"与餐厅的关系。

●执行三

在首发时发起购买"九阳 One Cup 随饮机"送韩寒签名书籍的活动，以一个促销活动的形式，本质是强化产品和韩寒以及"一个"的联系。配合网络资源的传播，扩大合作的话题性。

●执行四

通过前期的准备，依次发起 #很高兴遇见你 One Cup#、# 为美白，岳父卖豆浆了 #、#one 跨界推出豆浆机 # 的话题讨论，以长微博、产品试用等形式引发关注，以此向用户间接地传达"30 秒豆浆，就这么简单"的产品主题。

4.0 商业目标实现衡量 Performance Against Objectives

社交媒体以一个中心为节点，将相关信息及时分享、及时扩散传递至 N

次方受众。经过话题的制造、产品的推广，One Cup 具备了一定的知名度。受众开始主动进行二次传播，One Cup 的相关信息获得了额外的曝光量。

目标一：通过互联网的口碑传播提高产品知名度

整个传播，总曝光量超过 27991669 人次，互动量超过 992949 人次。话题性的产品包装，让更多的人了解了这个产品，通过相关活动，消费者与产品建立了更多的联系。One Cup 的官方拥有更多人气，越来越多的人参与到话题讨论当中来。

传播结束后，在微博平台，涉及"One Cup"的增长为 185%，涉及"One Cup"的增长为 394%，涉及"One Cup 随饮机"的增长达到了 7729%。

目标二：使消费者更深度地理解产品以及加强好感体验分享。

通过对各平台用户评论的统计：

● 正面信息达到 63%，中性信息达到 31%，负面信息达到 6%。

● 在普通网民的推广中，正面信息主要集中在"产品高端""卫生健康""美味"在产品试用的 KOL 微博中，关于产品功能性的评论明显增加。

从公测阶段产品信息认知度不高，到首发阶段产品信息广泛传播，网民的正面反馈，都表示着整个传播计划让大量网民接收到了正确的信息。通过意见领袖的试用分享，表现出购买意愿的网民明显增加。

📱【在线延伸阅读】

移动营销渠道创新新格局 2015。

责任编辑：涂　潇
装帧设计：汪　莹

图书在版编目（CIP）数据

策略先行：决战社会化营销／王婧 编著 . —北京：人民出版社，2016.5
ISBN 978 - 7 - 01 - 015140 - 3

I. ①策…　II. ①王…　III. ①网络营销　IV. ① F713.36

中国版本图书馆 CIP 数据核字（2015）第 184536 号

策略先行

CELÜE XIANXING

——决战社会化营销

王婧　编著

人 民 出 版 社 出版发行
（100706　北京市东城区隆福寺街 99 号）

北京汇林印务有限公司印刷　新华书店经销

2016 年 5 月第 1 版　2016 年 5 月北京第 1 次印刷
开本：710 毫米 ×1000 毫米 1/16　印张：12.5
字数：160 千字

ISBN 978 - 7 - 01 - 015140 - 3　定价：39.00 元

邮购地址 100706　北京市东城区隆福寺街 99 号
人民东方图书销售中心　电话（010）65250042　65289539